É possível ser feliz?

Fernando Leite

É possível ser feliz?

Aprenda com Davi o significado da verdadeira felicidade

CPAD

Preparação dos originais: Kleber Cruz
Revisão: Daniele Pereira
Projeto gráfico, capa: Eduardo Souza
Editoração: Anselmo Costa

CDD: 242 – Vida Cristã
ISBN: 85-263-0753-3

As citações bíblicas foram extraídas da versão Almeida Revista e Corrigida, edição de 1995, da Sociedade Bíblica do Brasil, salvo indicação em contrário.

Para maiores informações sobre livros, revistas, periódicos e os últimos lançamentos da CPAD, visite nosso site: http://www.cpad.com.br

SAC — Serviço de Atendimento ao Cliente: 0800 701-7373

Casa Publicadora das Assembléias de Deus
Caixa Postal 331
20001-970, Rio de Janeiro, RJ, Brasil

1ª edição: 2005

À minha amada Jeane, que evidentemente
foi o presente que me veio do Senhor (Pv 19.14),
tornando-se a principal ferramenta de Deus
em minha vida para que eu pudesse crescer,
a companheira que me motiva para poder ser completo,
e a minha principal fonte humana de alegria
para o meu prazer.

Sumário

Introdução

Sempre tive uma certa reserva com Salmos, e obviamente, não por causa de falta de valor do livro, mas por causa do uso que dele se faz. Quantas casas tinham uma Bíblia aberta em Salmos, e muitas vezes este era o principal sinal de fé. Tantos versículos tirados de seu contexto e apresentados como promessas, as quais as pessoas reivindicam sem conhecer de fato a mensagem e a quem está dirigida. Dessa maneira, Salmos me parecia ser o livro predileto dos superficiais, que se contentam com expressões poéticas e buscam alívio para o sofrimento, mas sem uma verdadeira e consistente vida espiritual.

Então, em julho de 2001, ocasião em que poderia e se esperava que eu tirasse férias, eu estava relutante em fazê-lo, pois as atividades e situações na igreja me indicavam que aquela não era a ocasião oportuna para sair. Minha esposa insistiu e acabamos saindo por uma semana para a serra. Sua insistência certamente vinha de me conhecer e perceber o que eu mesmo não via. Durante aqueles dias de descanso, meu sono foi embora à noite, e me vi acordado até altas horas com os pensamentos me tirando o sono. E o pior, depois que dormia, tinha o desejo de não levantar da cama, algo bastante atípico para mim. Meus pensamentos focavam problemas, críticas, reclamações e o quadro me parecia pior do que efetivamente estava. Vontade de evitar a realidade, trocar de trabalho e margear a mágoa eram coisas reais, até que percebi que algo de errado estava ocorrendo comigo. Ainda que pudesse encontrar causas externas que seriam responsáveis por tal estado, tive de reconhecer que a realidade comum a muitos estava me trazendo forte abalo, e que o problema maior não estava fora de mim, mas em mim mesmo. Então percebi que estava cansado fisicamente, desgastado emocionalmente e esgotado espiritualmente. Não tive muitas dificuldades em reconhecer que estava ignorando e negligenciando princípios da Palavra de Deus, e assim colhia os resultados naturais. Aqueles sete dias de férias foram multiplicados por meu cansaço e desânimo, e neste período reavaliei minhas prioridades, minha agenda e estabeleci alguns objetivos para que eu me recuperasse.

Dentre minhas medidas de recuperação, estabeleci que estudaria o livro de Salmos, visto que seus compositores tinham vasta experiência com o mundo real, hostil e ameaçador, e ainda que muitas vezes estivessem desanimados, desesperados e em fuga, associavam bem a esta situação a confiança, força e disposição de ir em frente. Decidi dedicar uma hora diária traduzindo, estudando, meditando, refletindo, orando e escrevendo sobre os salmos, me concentrando em cada um deles por pelo menos uma semana.

Aquelas primeiras semanas foram como uma ducha para minha alma, como um bálsamo para minhas feridas. Entendi várias realidades, causas internas que me levaram à condição em que me encontrava, e principalmente descobri ou redescobri verdades acerca do Senhor, sua vontade e sabedoria que me transformaram.

Depois de um ano decidi transformar minhas reflexões sobre os primeiros salmos em mensagens que foram pregadas na igreja em que sirvo. Todos aqueles conceitos que contemplam problemas comuns a todos como: conviver com a hostilidade de outros, a pressão, a opressão e o estresse, falsas acusações, injustiça e comentários maldosos. Além disso, tais estudos me proporcionaram a oportunidade de aprender sobre o valor pessoal, superar a tristeza e o desespero, e entender como Deus pode tornar possível se viver em um mundo hostil com qualidade de vida. Tudo isso estava presente naqueles primeiros salmos, nas mensagens e agora neste livro.

Talvez você esteja passando por um período em sua vida semelhante ao que passei. Talvez um ou mais destes assuntos seja uma questão ainda não solucionada em sua vida. Certamente você conhece pessoas vivendo situações similares. Minha expectativa é que este livro o ajude a compreender um pouco mais do plano de Deus expresso nestes primeiros quinze salmos, de forma que possa provar da mesma alegria e restauração que tenho desfrutado por conhecer e aplicar estes princípios à vida.

Capítulo 1

É Possível Ser Feliz?

Salmo 1

Bem-aventurado o varão que não anda segundo o conselho dos ímpios, nem se detém no caminho dos pecadores, nem se assenta na roda dos escarnecedores. Antes, tem o seu prazer na lei do Senhor, e na sua lei medita de dia e de noite. Pois será como a árvore plantada junto a ribeiros de águas, a qual dá o seu fruto na estação própria, e cujas folhas não caem, e tudo quanto fizer prosperará. Não são assim os ímpios; mas são como a moinha que o vento espalha. Pelo que os ímpios não subsistirão no juízo, nem os pecadores na congregação dos juntos. Porque o Senhor conhece o caminho dos justos; mas o caminho dos ímpios perecerá.

Introdução

Salmos é um livro que contém vários escritos que foram produzidos por volta do ano 1000 a.C. A maior parte desses textos é da autoria de alguém que havia sido um pastor de ovelhas, e que agora já fora consagrado rei de Israel. Como você pode perceber, este salmo, que também dá início a essa série de 150 salmos, começa com a palavra "bem-aventurado", ou *feliz*. Assim, podemos dizer que o tema principal neste salmo é a felicidade.

Em geral, felicidade é algo desejado pelas pessoas. É bem verdade que algumas pessoas são bastante céticas sobre a possibilidade de serem felizes. Pesquisando na Internet sobre a palavra "felicidade", encontrei de início uma página contendo um gesto obsceno e a seguinte mensagem: "Você que é feliz, pena que você não é bem-vindo aqui! Morra!" Percebi que o indivíduo é absolutamente cético quanto à possibilidade de ser feliz.

Por outro lado, além do ceticismo, encontramos também pessoas que são cínicas. Uma pessoa fez a seguinte afirmação sobre a felicidade: "Felicidade é uma família grande, carinhosa e amorosa morando em outra cidade". Esse é um conceito de felicidade.

O Dicionário Aurélio nos traz a seguinte definição: "Um estado de feliz, de contentamento, bom êxito, sucesso". É interessante que, ao pesquisar a palavra "felicidade", apenas no nosso idioma, encontramos mais de 150 *sites* diferentes abordando o assunto! Qual é a razão disso? Creio que, em primeiro lugar, a busca pela felicidade é inerente ao ser humano. Mas a melhor notícia dessa história é que, além de ser inerente ao ser humano, é um direito do ser humano. Nas Escrituras encontramos centenas de passagens mostrando que felicidade é algo que está no coração de Deus, sendo desejada para o homem. Não é somente um direito à busca, não é algo que está latente dentro de nós, mas o encontrar essa felicidade já faz parte do programa de Deus.

Assim, encontramos em toda a sociedade, onde quer que olhemos, propostas para encontrar a felicidade. A televisão é pródiga em oferecer às pessoas uma idéia ilusória de felicidade, seja por meio de programas de auditório ou de novelas. Porém, esta é apenas uma felicidade ilusória, que na verdade nada tem, em sua essência, da verdadeira felicidade que nos descreve o salmista: "Bem-aventurado aquele que teme ao Senhor e anda nos seus caminhos! Pois comerás do trabalho das tuas mãos, feliz serás, e te irá bem" (Sl 128.1,2).

Onde não Encontrar a Felicidade

O Salmo 1 também começa falando da felicidade. O texto diz: "Bem-aventurado". Em outra versão temos: "Como é feliz aquele que..." Mas é interessante observar que antes de dizer como alcançar a felicidade, o salmista tem a clareza de dizer onde não encontrar a felicidade. Parafraseando o texto, o salmista estava dizendo: "Ei, vamos queimar algumas etapas. Em vez de repetir tantas tentativas e erros, você pode se livrar deles e fazer uma tentativa que dê certo!" Por isso, gostaria de olhar para este salmo e identificar claramente qual é a proposta de Deus para uma vida caracterizada por felicidade.

Ele começa dizendo então que felicidade não está em seguir os conselhos dos ímpios, ou imitar a conduta dos pecadores ou ainda em sentar-se na roda dos escarnecedores. Há relações diferentes aqui sobre andar, se assentar ou participar de uma roda de zombadores. Mas, basicamente, o que ele está dizendo é que felicidade não está no viver em conformidade com aquele que não está alinhado com a perspectiva de Deus, e que diz o que é felicidade. Para exemplificar isso o salmista usa três figuras distintas: o homem pecador, o homem ímpio e o homem zombador. E os três, num nível ou no outro, falam justamente de pessoas que não têm a ótica divina sobre como se deve viver.

Em minha pesquisa na Internet, encontrei muitos conselhos dos ímpios, os quais ensinam sobre o que você precisa fazer e ter para ser feliz. Por exemplo, há um *site* que o orienta a descobrir o fluxo de energia esotérica que há em você, o que trará, conseqüentemente, a felicidade. Há outros que trazem a orientação de onde você pode encontrar manuais de auto-ajuda para ser feliz. Mas eles não falam sobre as conseqüências de quem tenta seguir esses caminhos. Você encontrará também ofertas de amuletos para a felicidade, a ioga, tarô, e onde encontrar sua alma gêmea, que pode torná-lo feliz. Vemos também orientações para você mudar seu ambiente, as cores e a decoração, sem falarmos das repetições de frases e a colocação de objetos em determinados pontos da casa.

Em outro *site*, há uma proposta hedonista com a seguinte orientação: "Felicidade é saber cair na tentação". Essa é a proposta que estamos ouvindo a toda hora, em todo lugar. Mas não há nada de novo nisso. A Internet é nova, mas a proposta hedonista, que é a busca do prazer carnal, não. Durante toda a história do homem, verificamos pessoas correndo atrás da felicidade. Em Eclesiastes 2.1-11, vemos Salomão relatando a sua intensa busca pela felicidade:

> Disse eu no meu coração: Ora, vem, eu te provarei com a alegria; portanto, goza o prazer; mas eis que também isso era vaidade. Do riso disse: Está doido; e da alegria: De que serve esta? Busquei no meu coração como me daria ao vinho (regendo, porém, o meu coração com sabedoria) e como reteria a loucura, até ver o que seria melhor que os filhos dos homens fizessem debaixo do céu, durante o número dos dias de sua vida. Fiz para mim obras magníficas; edifiquei para mim casas; plantei para mim vinhas. Fiz para mim hortas e jardins e plantei neles árvores de toda espécie de fruto. Fiz para mim tanques de águas, para regar com eles o bosque em que reverdeciam as árvores. Adquiri servos e servas e tive servos nascidos em casa; também tive grande possessão de vacas e ovelhas, mais do que todos os que houve antes de mim, em Jerusalém. Amontoei também para mim prata, e ouro, e jóias de reis e das províncias; provi-me de cantores, e de cantoras, e das delícias dos filhos dos homens, e de instrumentos de música de toda sorte. E engrandeci-me e aumentei mais do que todos os que houve antes de mim, em Jerusalém; perseverou também comigo a minha sabedoria. E tudo quanto desejaram os meus olhos não lhos neguei, nem privei o meu coração de alegria alguma; mas o meu coração se alegrou por todo o meu trabalho, e esta foi a minha porção de todo o meu trabalho. E olhei eu para todas as obras que fizeram as minhas mãos, como também para o trabalho que eu, trabalhando, tinha feito; e eis que tudo era vaidade e aflição de espírito e que proveito nenhum havia debaixo do sol.

Salomão achava que, para desfrutar do melhor deste mundo, tinha de possuir uma propriedade com belíssimos jardins, piscinas e tudo mais. Ele tinha ao seu dispor criados para fazer todo tipo de serviço. Além disso, teve tanto gado, como ninguém nunca antes tivera. Também não precisava ir assistir a nenhum espetáculo; os espetáculos é que vinham até ele, pois tinha ao seu dispor cantores e cantoras. Vemos também que tudo o que os seus olhos desejavam, ele comprava.

Apesar de ter o poder de fazer e comprar tudo aquilo que imaginava ser necessário para a sua felicidade, concluiu que tudo era inútil; tudo aquilo era como "correr atrás do vento". Quando lemos todo o livro de Salmos, percebemos alguém buscando uma série de coisas para preencher o seu desejo, a sua ânsia por felicidade completa. Quando fala sobre relacionamento amoroso, por exemplo, percebemos que ele cita as suas mulheres — e Salomão teve muitas. Apesar disso, conclui dizendo que tudo isso foi inútil. Talvez isto se deva ao padrão de relacionamento que ele estabelecia com o sexo oposto, em busca de amor segundo o conselho do ímpio. Este, aliás, é o mesmo conselho que a mídia, através das novelas e programas de televisão, procuram transmitir hoje em dia.

Muitos programas de TV trazem a seguinte mensagem: "Se você tiver isso, ou alcançar aquilo, será feliz!" Mas Salomão está dizendo categoricamente: "Não é isso que nos traz a verdadeira felicidade".

Acerca do criador do Baú da Felicidade, Gilberto Dimenstein escreveu o seguinte:

> Materialmente não lhe falta nada! Não é fácil gastar 3,3 milhões de reais por mês. Seu patrimônio já passou de um bilhão. Antes mesmo do seqüestro, ele inquietava-se com as dúvidas sobre o seu papel na sociedade. Por isso, nutriu ambições políticas, todas fracassadas. Viu sua família pegar-se fervorosamente à religião evangélica. O casamento entrou em colapso, e depois de virar refém do seqüestrador de sua filha, sentiu como nunca a fragilidade humana. Percebeu que toda a sua fortuna não consegue comprar o simples direito de estar em casa, ou de andar na rua sem medo.
> É natural que qualquer indivíduo submetido a tantos sinais de vulnerabilidade questione a importância, de fato, do sucesso e do dinheiro. Ainda mais quando vai ficando mais próximo dos limites bioló-

gicos, e o que estimula a reflexão sobre como será lembrado, ou se será lembrado!
Nos subterrâneos dos núcleos do poder empresarial, é crescente o número de executivos e mesmo de empresários que, após terem obtido fama e dinheiro, revelaram publicamente que passavam por crises existenciais. É uma "confissão" que até há pouco tempo seria vista como um sinal de fraqueza e de incapacidade de liderança.

De alguma maneira, o que Gilberto Dimenstein está testemunhando é aquilo que Salomão provou e escreveu no livro de Eclesiastes. É uma realidade na vida das pessoas que alcançaram fama, dinheiro e tudo aquilo que buscaram, mas que, efetivamente, não encontraram a felicidade.

É justamente isso o que o salmista está dizendo. Feliz não é aquele que está seguindo conselhos dos ímpios, como por exemplo: "Se você tiver uma roupa de marca; se tiver um carro novo; se puder juntar o dinheiro e ir ao *show* do cantor tal...", e Salomão está dizendo: "Isso é um engano! Isso é uma ilusão!"

Onde Encontrá-la

Salomão passa a mostrar que encontrar a felicidade não é uma questão de sorte. Uma pessoa não é feliz por sorte. No salmo que estamos estudando, lemos que feliz é "aquele que tem o seu prazer na lei do Senhor". Posteriormente vou comentar sobre as palavras *prazer* e *meditar*. Mas antes quero me concentrar no significado que o salmista confere a esta meditação, a qual se dirige não a uma filosofia, ou a uma busca espiritual, como aquela apregoada pelos esotéricos. O que ele tem por digno de sua observância é a Lei.

A Lei do Antigo Testamento era a referência à instrução e à proposta de vida de Deus para o seu povo. A lei que havia sido estabelecida há muito tempo, antes mesmo de este salmo ser escrito, dizia o seguinte: "Os céus e a terra tomo, hoje, por testemunhas contra ti, que te tenho proposto a vida e a morte, a bênção e a maldição; escolhe, pois, a vida, para que vivas, tu e a tua semente" (Dt 30.19). A Lei era a instrução de Deus de como o povo de Israel podia e devia se relacionar com Ele, com o seu próximo e como nação santa. A Lei também mostrava as conseqüências da desobediência: "... se o teu coração se desviar, e não quiserdes dar ouvidos, e fores seduzido para te inclinares a outros deuses, e os servires, então, eu te denuncio, hoje, que, certamente, perecerás; não prolongarás os dias na terra a que vais..." (Dt 30.17,18). Assim, quando o salmista se refere à Lei, está olhando para aquela instrução de Deus. Ele está reconhecendo que a melhor maneira de viver é segundo a orientação da Palavra de Deus.

Em Hebreus 4.12 está escrito: "Porque a palavra de Deus é viva, e eficaz, e mais penetrante do que qualquer espada de dois gumes, e penetra até à divisão da alma, e do espírito, e das juntas e medulas, e é apta para discernir os pensamentos e intenções do coração". O escritor de Hebreus descreve a Palavra de Deus como viva e eficaz. É uma palavra que tem energia e poder em sua mensagem; não é simplesmente um conjunto de palavras, ou de idéias. É, antes de tudo, a orientação daquEle que nos criou. Esse Deus não nos jogou no mundo à nossa própria sorte. Não! Ele nos criou e nos dá orientação clara, que podemos considerar ou não, seguir ou não, valorizar ou não. O que ele reconhece é que a verdadeira felicidade, em vez de ser obtida por meio de uma vida segundo o conselho dos ímpios, é uma vida cheia do Espírito e vivida segundo a sua direção.

É justamente isso que o salmista nos diz, porque uma vida repleta de felicidade faz parte do plano de Deus! É o próprio Senhor Jesus quem diz: "... eu vim para que tenham vida e a tenham com abundância" (Jo 10.10). Portanto, felicidade não é uma questão de sorte, não é algo casual. Felicidade começa no coração de Deus, em seus planos para cada um de nós.

O que Fazer?

Assim como o salmista diz onde não está a felicidade, é enfático ao afirmar que feliz é aquele que "tem o seu prazer na lei do Senhor". A palavra traduzida por "prazer" poderia ser traduzida por interesse, preciosidade, esperança, ou satisfação. O que Ele está dizendo é o seguinte: "Há uma palavra que é um recado de Deus para você. E, à medida que tem um interesse e reconhece o valor que ela tem, você anda no caminho certo".

Quero dar um exemplo disso. No canal de televisão *People+Arts* há um programa cujo nome é *Feira de Antiguidades*. Nesse programa, alguns especialistas em arte e outros objetos que são ali apresentados, tais como louça, mobiliário, etc., são consultados por alguém que traz algum objeto antigo. Ali mesmo é feita uma avaliação do produto, dando o seu valor.

Certa vez, apresentou-se uma senhora com um quadro bem antigo e ela disse ao especialista que o avaliaria: "Esse quadro está na nossa família há muito tempo. Minha tia deu para minha mãe. Minha mãe deixou para mim, e nós sempre gostamos desse quadro. Ele é muito bonito. Só que há um outro quadro no verso que nós não gostamos. Por isso ele sempre fica voltado para a parede!" Então aquele especialista disse o seguinte: "O quadro da frente não tem muito valor não, mas esse quadro de trás sim. As telas desse pintor são muito valorizadas. Um quadro dele foi vendido no ano passado por um milhão e meio de dólares! Esse quadro, hoje, você vende fácil por quinze mil libras!"

Interessante! A pessoa tinha um objeto de valor em casa, mas o deixava de costas para a parede e ficava olhando para aquele que não tinha nenhum valor! De certa forma, quando o salmista afirma: "Bem-aventurado o varão que... tem o seu prazer na lei do Senhor", isto significa interessar-se, aplicar-se, buscar e valorizar a Palavra de Deus.

Algumas empresas colocam a Bíblia aberta num ambiente do escritório. De vez em quando as pessoas vão lá, e colocam a mão sobre ela. Mas isso não significa que valorizam a orientação que ali se encontra. Outros colocam inúmeros versículos na parede de casa, mas isso não significa, necessariamente, amor à Palavra de Deus.

O que você faz com aquilo a que dá valor? Naquele programa de TV, a pergunta quase sempre é: "Esse bem tem seguro?" Muitas pessoas que ali comparecem levam objetos sem seguro. Dentre as histórias ali apresentadas, lembro-me da história de um homem que comprou um caneco por um valor irrisório. Algum tempo depois, descobriu que aquele caneco tinha um valor altíssimo, que ele nunca poderia imaginar. Quando isso acontece a pessoa procura colocar tal objeto de valor no seguro, por causa do risco de perdê-lo.

Olhando para essa ilustração, como é que se dá valor à Palavra de Deus? A manifestação de valor que percebo aqui no Salmo 1 é que o prazer da pessoa está na lei do Senhor, o seu interesse está nela e nela ele medita de dia e de noite. Essa é a característica de alguém que tem prazer, de fato, na lei de Deus. Não é a mera declaração de amor, ou de apreço. É amar e apreciar de fato e de verdade.

O que Fazer com a Palavra?

Uma esposa não se sente amada por seu marido simplesmente porque ele diz que a ama. Ela quer fatos concretos. Ouvir é importante, mas ainda assim ela quer fatos concretos! Da mesma maneira, a pessoa tem prazer na Palavra e, por isso, também medita nela. A palavra "meditar" poderia ter sido traduzida por *imaginar, celebrar, considerar, murmurar, planejar*. A idéia é que há uma mente tomada pelo pensamento de Deus, familiarizada com o pensamento de Deus. De tanto estar marcada por esse conceito de Deus, acaba fazendo as coisas que Deus planejou para ela.

Por isso a Lei dizia o seguinte: "Ponde, pois, estas minhas palavras no vosso coração e na vossa alma, e atai-as por sinal na vossa mão, para que estejam por testeiras entre os vossos olhos, e ensinai-as a vossos filhos, falando delas assentado em tua casa, e andando pelo caminho, e deitando-te, e levantando-te" (Dt 11.18,19). A Palavra tinha que estar refletindo e molhando a pessoa para que esta ficasse encharcada com ela.

Em Isaías 55.11 está escrito: "Assim será a palavra que sair da minha boca; ela não voltará para mim vazia; antes, fará o que me apraz e prosperará naquilo para que a enviei". A Palavra de Deus é dinâmica e tem poder. Quando ela entra em contato com a pessoa, provoca mudanças.

É isso o que o profeta está afirmando. À medida que eu deixo que essa palavra me tome através da meditação, da reflexão, tornando-a presente aos meus olhos e em meu coração, isso acaba tendo sobre mim o impacto que somente o poder transformador da Palavra é capaz, por meio da atuação do Espírito Santo. É por isso que o salmista nos diz acerca daqueles que meditam na Palavra de Deus: "Pois será como a árvore plantada junto a ribeiros de águas, a qual dá o seu fruto na estação própria, e cujas folhas não caem, e tudo quanto fizer prosperará. Em Isaías 55.10, o profeta fala a mesma coisa. Da planta que está ali num determinado lugar e chove, a neve derrete, a água corre e chega até a planta e transmite-lhe vida!

Que Resultados Esperar?

Há algumas árvores que trazem a marca da estiagem. Em uma árvore próxima ao meu escritório, posso observar que em determinada altura, seu tronco tem uma faixa com um diâmetro bem menor do que na parte superior e inferior. A explicação é simples. Ela viveu um período prolongado de estiagem que não permitiu que ela se desenvolvesse como anteriormente. Mas quem medita na Palavra é como uma árvore que está plantada à beira de um ribeiro; não sofre tanto com a estiagem.

Você já percebeu a importância que tem a água para determinadas plantas de sua casa? Anos atrás minha esposa e meus filhos viajaram para Recife. Como não pude viajar naquela ocasião, entre as tantas orientações sobre os cuidados que eu devia ter com a casa, uma delas era com relação às plantas. Eu não podia deixar de regá-las. Minha esposa cultivava algumas begônias, que são excelentes termômetros para se saber se alguém está cuidando adequadamente de uma planta. Quando eu via aquelas folhas caídas no vaso num canto da sala, entendia: "Está na hora de colocar água nas plantas!" E aquela planta é fantástica. Ela é aliada de qualquer marido que esquece de molhar as plantas, porque pouco depois de regada ela volta a ficar como era antes. A água faz diferença para aquela planta, como a Palavra de Deus faz para a alma humana! Ela levanta e dá vida. Essa é a sua característica.

Uma outra característica da planta que está junto às correntes de água é que ela dá o seu fruto no tempo certo. Quem não vive assim é como uma palha que não tem raízes e é levada facilmente. Além disso, como conseqüência de sua condição, essa pessoa sofrerá o juízo de Deus.

Conheço pessoas que, mesmo tendo muito dinheiro e bens, encontram-se absolutamente insatisfeitas. Anos atrás eu estava conversando com um homem que, na ocasião, era um dos maiores produtores de café do Brasil. Ele dirigia um carro muito luxuoso. Gastamos cerca de três horas conversando, e ele me disse o seguinte: "Que saudade tenho daquele tempo quando pude comprar o meu primeiro carro. Era uma caminhonete usada. Quando eu vinha pela estrada, por três vezes tive que parar para abaixar a tampa do motor que se abrira. E numa delas arranquei um pedaço de uma cerca de arame farpado, para que pudesse prendê-la. Apesar de tudo isso, naquele tempo a minha vida valia a pena".

Ele tinha a oportunidade de ter tudo o que queria — o que esperava lhe trazer felicidade —, mas mesmo com tudo isso ele dizia: "Sou um infeliz!"

Sabemos que não é dinheiro e posses que tornam as pessoas felizes, mas sim o conhecimento da Palavra de Deus e andar segundo o seu conselho.

Em Salmos 19.7 está escrito: "A lei do Senhor é perfeita e refrigera a alma; o testemunho do Senhor é fiel e dá sabedoria aos símplices. Os preceitos do Senhor são retos e alegram o coração; o mandamento do Senhor é puro e alumia os olhos". A Palavra é dinâmica, e tem poder, energia e revigora a alma. Essa palavra, quando em contato com a pessoa, transforma! À medida que vivo a experiência de valorizá-la, considerá-la preciosa e torná-la parte de meu ser, ela inunda a minha vida, me transforma e me faz ver o que antes eu não via. Ela dá alegria. Ela restaura, assim com a água restaura a begônia. Essa é a característica da Palavra.

Voltando ao texto de Isaías 55.11, podemos ler: "Assim será a palavra que sair da minha boca; ela não voltará para mim vazia; antes, fará o que me apraz e prosperará naquilo para que a enviei". Quero chamar sua atenção para algo interessante. No Salmo 1 o salmista nos diz: "Bem-aventurado o varão que... tem o seu prazer na lei do Senhor". A palavra que foi traduzida por "prazer", neste versículo, é a mesma traduzida por "desejo". E assim diz o texto bíblico: "... será como a árvore plantada junto a ribeiros de águas, a qual dá o seu fruto na estação própria, e cujas folhas não caem..." E no final ele completa: "E tudo quanto fizer prosperará". A palavra que foi traduzida por "prosperar" é a mesma que, neste versículo, refere-se a "atingir um propósito".

Tudo isso me faz pensar o seguinte: Deus tem seus desejos, Deus tem suas vontades, Deus tem para o homem aquilo que em seu plano perfeito para a nossa vida é o melhor. Cabe apenas ao homem permitir a direção de Deus em sua vida e entregar-lhe o controle de cada um dos aspectos do seu viver diário. À medida que o homem ouve a Palavra e alinha os seus desejos conforme o Salmo 1, o seu prazer e o seu desejo é cumprir a vontade de Deus. Assim, a Palavra irá se cumprir em sua vida, tornando próspero o seu viver, segundo a vontade de Deus. Se estou sensível ao que Deus fala, alinho-me à vontade de Deus, me tornando um cooperador naquilo que Ele quer fazer na minha vida, como diz a sua Palavra: "Dá-me, filho meu, o teu coração, e os teus olhos se agradem dos meus caminhos" (Pv 23.26, ARA).

O que Fazer agora?

A revista *Psychology Today* fez uma pesquisa com cinqüenta e dois mil americanos e chegou à seguinte conclusão: Felicidade, para a maioria das pessoas, está relacionada às condições externas. É ter isso ou aquilo, é ter nascido numa família assim, é ter tido determinada oportunidade. E a própria revista afirma: "Não é isso que traz felicidade!" Felicidade não vem de condições externas adequadas, favoráveis. Ela vem de uma condição pessoal, ou seja, é fruto de uma escolha. É isso o que o salmista está dizendo: "Você será feliz como resultado de uma escolha sua, através de valorizar a Palavra de Deus". Assim, devemos experimentar o que Deus tem a dizer por meio da sua Palavra.

Em vez de se iludir com a idéia de que seguir o conselho deste mundo irá lhe trazer felicidade, gostaria que você tivesse a oportunidade de atentar para o que Deus lhe diz em sua Palavra. Garanto que isso vai fazer diferença na sua vida. Mas não sou eu quem tomará esta decisão por você. É você quem deve dar o primeiro passo, e desejar experimentar na sua vida o poder de Deus!

Assim, eu gostaria de dar algumas breves e práticas orientações sobre como valorizar a Palavra de Deus no seu dia-a-dia. A primeira delas é separar um tempo do seu dia para ler a Palavra de Deus. Faça isso antes de sair para o trabalho, ou antes do café da manhã. O importante é estabelecer um horário para esse encontro com a Palavra e batalhar para que nada venha impedir isso. Assim você perceberá que isso fará uma diferença muito grande na sua vida e também no seu dia. Deus multiplica o tempo a Ele dedicado. Acredite!

Em segundo lugar, pegue os trechos das Escrituras que você entendeu, escreva num caderno de anotações e dê oportunidade para que aquele texto ocupe sua mente ao longo do dia. Talvez você esteja no trânsito, preso num engarrafamento ou parado num semáforo, você tira seu cartão do bolso e faz uma rápida leitura, lembrando o que leu. Isso pode ser feito em várias ocasiões do dia. Assim, a sua mente ficará mais ocupada com a Palavra de Deus.

Em terceiro lugar, pergunte a Deus, à luz do que você tem lido, o que deve mudar em sua vida. A Palavra não é simplesmente conhecimento; é prática; é experiência. Se você quiser, comece pelo livro de Salmos, e memorize alguns versículos. Tenha a oportunidade, durante o dia, de refletir nos textos que você leu. Também procure praticar aquilo que Deus está falando. Quando isso acontece, Deus diz: "Bem-aventurado o varão que... tem o seu prazer na lei do Senhor, e na sua lei medita de dia e de noite". É por isso que sugiro trinta minutos de leitura por dia, como também refletir durante o dia e perguntar: "O que deve ser mudado na minha vida?"

Você quer ser feliz? Não caia no engano e na ilusão do que diz o mundo. O segredo está na Palavra de Deus.

Quem de fato Feliz Será?

Por mais que se possa ocultar,
Todos buscam a felicidade alcançar;
Muitas vezes sem mesmo considerar,
O crédito de quem sugestões tem a dar.
Teriam estes autoridade para falar?

Quem de fato feliz será?
Muitos dirão sem pestanejar:
Será aquele que bens adquirirá,
Aquele cuja fama alcançará,
E os prazeres, sem limites, obterá.

Em todos os lados há vozes a soar,
Em todo caminho, exemplos para mirar,
Em todos os cantos, uma roda a aguardar.
Mas alguém garante a felicidade alcançar?
Tal exemplo dá-nos razão para duvidar.

Quem de fato feliz será?
O Deus que nos decidiu criar,
Tem credibilidade para afirmar:
"Feliz será aquele que meditar
Na Palavra que minha boca falar".

Como uma planta este será,
Junto às águas a se alimentar,
Cuja folhagem enverdecerá
E a seu tempo seu fruto dará,
Este de fato feliz será!

Não como a palha que o vento dispersará,
Nem como o ímpio que pensa poder falar,
Mas, sim, como árvore sólida permanecerá,
Que estende seus ramos para assombrear,
E ainda produz frutos para alimentar.

Assim não só ele feliz será,
Mas todos com quem se relacionar,
Pois poderão de sua sombra desfrutar,
De seus frutos se alimentar e degustar,
E ainda o que fizer, vir a prosperar.

Este justo, diferindo do ímpio que perecerá,
Pois no julgamento do Senhor não passará,
Tem promessa de que Deus o conhece e conhecerá,
E que parte da comunidade eterna será,
Desfrutando da felicidade que Deus proverá.

Quem de fato feliz será?
Aquele que à voz de Deus atentará,
Cujas promessas conhecerá,
E à sua vida estas verdades aplicará.
Este de fato feliz será!

Vamos orar:

Pai celeste, o Senhor nos conhece. O senhor conhece o nível de satisfação ou de insatisfação, de alegria ou tristeza, ou de angústia, ou de frustração, ou de falta de sentido na vida. Mas a tua Palavra tem nos dado toda a orientação para que alcancemos o propósito que existe no teu coração. Entre eles está o de sermos pessoas que olhamos para a vida não com lamento, não com frustração, não com vazio, mas sim impactados por ti e por tua Palavra, tendo nossas vidas transformadas. Senhor, que o teu Santo Espírito esteja sempre nos encorajando e motivando a buscar uma experiência pessoal contigo e com tua Palavra. Faz-nos ver que isso não acontecerá pelas propostas enganosas que nos são feitas. Senhor, eu oro por isso em nome de Jesus. Amém.

Capítulo 2

Como Entender esta Situação?

Salmo 2

Por que se amotinam as nações, e os povos imaginam coisas vãs? Os reis da terra se levantam, e os príncipes juntos se mancomunam contra o Senhor e contra o seu ungido, dizendo: Rompamos as suas ataduras e sacudamos de nós as suas cordas. Aquele que habita nos céus se rirá; o Senhor zombará deles. Então, lhes falará na sua ira e no seu furor os confundirá. Eu, porém, ungi o meu Rei sobre o meu santo monte Sião. Recitarei o decreto: O Senhor me disse: Tu és meu Filho; eu hoje te gerei. Pede-me, e eu te darei as nações por herança e os confins da terra por tua possessão. Tu os esmigalharás com uma vara de ferro; tu os despedaçarás como a um vaso de oleiro. Agora, pois, ó reis, sede prudentes; deixai-vos instruir, juízes da terra. Servi ao Senhor com temor e alegrai-vos com tremor. Beijai o Filho, para que se não ire, e pereçais no caminho, quando em breve se inflamar a sua ira. Bem-aventurados todos aqueles que nele confiam.

Introdução

Houve um tempo em que existia o seguinte pensamento acerca dos cristãos: "Se você é um crente, não pode ter dúvidas; se tem dúvidas, você não é um crente, pois você não tem fé". Isso acontecia porque alguns cristãos olhavam para essas duas perspectivas: dúvida e crença, como se fossem absolutamente antagônicas, uma não podendo conviver com a outra. Um indivíduo que trazia suas dúvidas, de alguma maneira, levantava suspeitas sobre si.

Isso me faz lembrar a história de um pregador que foi pregar acerca de Gênesis 2 — a narrativa da criação da mulher. Ele leu que Deus fez o homem dormir e depois lhe tirou uma costela. E dessa costela lhe trouxe a mulher. Mas quando ele virou a página para continuar a leitura, virou algumas páginas a mais, caindo no relato da formação da arca. Dando continuidade, disse: "Ela tinha 150 côvados de comprimento, 50 côvados de largura, 30 côvados de altura e a betumou nas juntas". Após sua leitura, prosseguiu com as explicações: "Meus irmãos, quanto ao tamanho de Eva, isso é absolutamente compreensível. Afinal de contas, todas as nações vieram dela. Não há uma alma nesse mundo que não tenha sido descendente dela. Agora, a questão do betume nas juntas, vamos ter que aceitar pela fé". Toda aquela questão poderia ser resolvida facilmente, mas não houve perguntas, apenas tentativa de explicação.

Porém, ao olharmos para as Escrituras, percebemos que não há nada de errado em se fazer perguntas. Em suas páginas encontramos vários homens que fizeram perguntas críticas diante de Deus, como por exemplo Jonas, Asafe, Davi, Habacuque e muitos outros. Por isso é importante colocarmos nossos questionamentos diante de Deus. Devemos ter a ousadia e a liberdade de fazer perguntas, sabendo que para as nossas perguntas, a Palavra de Deus tem as respostas. Não precisamos nos sentir ameaçados diante das perguntas que são feitas. Não precisamos nos sentir desinteressados diante das perguntas que são colocadas e tampouco precisamos agir de forma simplificadora, aplicando respostas-padrão para tudo.

Na década de 1960, a Igreja Batista lançou uma campanha com a seguinte mensagem: "Cristo é a resposta". Alguém, ao ler o escrito, fez a seguinte indagação: "Mas qual é a pergunta?" Muitas vezes colocamos de uma forma simplificada que Cristo é a resposta, e isso influencia até as crianças na Escola Dominical. Dizem que uma professora, na época da Páscoa, perguntou para as crianças da sua classe: "O que é branquinho, fofinho, tem orelhas grandes e gosta de comer cenoura?" A criança pensou um pouco e respondeu: "Oh, tia, eu sei que a resposta certa é Jesus, mas que parece um coelho, parece".

Sabemos que *a resposta é Jesus*, mas, em algumas situações da vida, é importante sabermos o que Deus está levantando para nós como perguntas e respostas de fato.

Por que se Amotinam as Nações?

O Salmo 2 começa com duas perguntas que, até hoje, são perguntas críticas. A primeira pergunta é: "Por que se amotinam as nações?" — em outras versões temos: "Por que se amotinam os gentios". Lembre-se, quem está escrevendo isso é um judeu! Ele tinha consciência de que Deus o havia chamado. Tinha consciência de sua responsabilidade de levar ao mundo a mensagem de que Deus reina, que Deus é Senhor, cuja vontade deve ser considerada e obedecida. E ele está atento aos fatos à sua volta, isto aproximadamente em 1000 a.C., e pergunta: "Por que se amotinam as nações?"

Em nossos dias também vemos algumas nações enfrentando difíceis circunstâncias, sejam econômicas ou decorrentes de guerras. Podemos citar a Colômbia com as FARCs, o Afeganistão, o Iraque e muitos países africanos. Nos Estados Unidos, tivemos a queda das duas torres gêmeas do World Trade Center em 2001. Também devemos perguntar: Por que ainda existem guerras no século XXI? Por que, hoje, temos trezentas mil pessoas com menos de dezoito anos lutando nas guerras espalhadas por todo o mundo? Por que após a Segunda Guerra Mundial já tivemos mais de mil guerras, com um total de vinte milhões de mortes?

Várias vezes assisti ao telejornal com meu pai ao lado. Observando as notícias sobre guerras, ele faz a seguinte observação: "Por que isso?" De alguma maneira, essa é também a pergunta do salmista. Por que a situação do mundo está tão agitada? Onde está a esperança? Podemos mudar essa situação? Isso vai acabar um dia?

Por que os Povos Imaginam Coisas Vãs?

O salmista faz também uma segunda pergunta: "[Por que] os povos imaginam coisas vãs?" A palavra que foi traduzida por "vãs" é a mesma palavra para *vaidade* e certamente o autor não está fazendo nenhuma referência aqui ao tempo que se pode gastar na frente de um espelho. O que ele está questionando é o que as pessoas imaginam, tramando umas contra as outras. É uma palavra que descreve justamente essa idéia de ficar desenvolvendo pensamentos, novas idéias. Por que as pessoas imaginam tanto aquilo que é fútil, aquilo que não vale nada? Por que tanta gente hoje em dia dá tanto valor ao horóscopo, mesmo sabendo da sua ineficácia? Por que, mesmo assim, as pessoas lêem, acreditam e se apegam, de alguma maneira, àquilo? Por que a todo momento surgem tantas correntes de pensamento filosófico e religioso? Diante das doutrinas e conceitos deturpados quanto à busca da felicidade, paz interior, sucesso, entre tantas outras promessas que trazem, você pensa: "Meu Deus, quanta tolice!"

Mas apensar de tudo isso, o salmista pergunta: "[Por que] os povos imaginam coisas vãs?" Nós também podemos perguntar: Por que aquilo que não vale nada ganha a confiança do povo e acaba se tornando tão popular? Por que aquilo que é tão fútil e vazio ganha tanto espaço na mídia? Por que uma população toda é capaz de ligar, ao mesmo tempo, milhões de televisores para assistirem a programas absolutamente fúteis e vazios? Por conta do sucesso do *Big Brother*, mais de cem milhões de reais já foram investidos em propagandas naquele período do programa. Porém, isto nada mais é que o cumprimento da Palavra de Deus, que nos diz: "O mundo inteiro jaz no Maligno" (1 Jo 5.19, ARA).

Diante da rebelião dos reis da terra, o salmista escreve em Salmos 2.2: "Os reis da terra se levantam, e os príncipes juntos se mancomunam contra o Senhor e contra o seu ungido". O salmista tem a visão clara de que existiam pessoas que lideravam aquela nação e eles estavam indo conforme suas determinações. Naquele tempo, os reis da terra eram pessoas que tinham liderança política de um segmento da sociedade relativamente pequeno. Um monarca podia reinar sobre uma centena, ou sobre alguns milhares de pessoas. Eram homens que exerciam autoridade sobre um grupo e ditavam a maneira como elas deveriam viver.

Quando olho para essa passagem, pergunto: Quem são os reis da terra hoje? Já observei que muitos políticos dominam a mídia, possuindo canais de TV, rádio e jornais. No filme *Os Donos do Poder*, vemos claramente que quem faz um presidente não é o segmento político, mas sim a mídia. Enquanto alguns reis do passado lideravam seus povos nos campos de batalha, hoje em dia uma nação é comandada por pessoas que estão em seus escritórios, montando um esquema para colocar tal pessoa no poder. Isso você pode ter certeza. Todo canal de televisão, sem exceção, assim como todo jornal, sem exceção, de alguma maneira, está comprometido com alguma proposta política, defendendo alguém que querem colocar no poder. Alguns, por sua vez, até bem intencionados.

Ouvi indiretamente de alguém que foi secretário de uma administração pública em nosso Estado — cujo prefeito e seu grupo que ganhou a eleição eram evangélicos — que no início do mandato eles começavam as reuniões com uma oração. Mas, após algum tempo, era um querendo sugar o máximo com a corrupção comum.

O que o salmista está dizendo é: "Os reis da terra, esses que estão no poder, estão, de alguma maneira, manipulando toda essa situação!" Ele diz, no versículo 2, que eles estão tomando posição e conspirando contra o Senhor. Não estão alinhados com a perspectiva e com a proposta de Deus; pelo contrário, falam objetivamente que a mensagem dita como sendo de Deus é uma mensagem reacionária e que precisa ser apagada. É ingênuo pensar que uma pessoa pode assistir a um programa na televisão e dizer que este é incipiente e inofensivo. Para se ter uma idéia de como é perigosa a influência da TV, em certa ocasião, a apresentadora Xuxa mostrou ao Brasil um modelo alternativo de família. Segundo ela, o lar podia ser formado sem a necessidade do casamento ou de um marido, sendo preciso apenas um pai biológico para se ter um filho. Depois dessas declarações muitas moças passaram a crer que esse é um ideal de fato. E você olha para isso ingenuamente e diz: "É isso mesmo!" Mas o salmista está dizendo: "Os reis da terra, aqueles que têm o poder, estão contra o Senhor, contra a orientação e as determinações do Senhor".

É interessante observar que as massas querem é isso mesmo. No versículo 2 lemos: " ...os príncipes juntos se mancomunam contra o Senhor e contra seu ungido". A palavra que foi traduzida por "Senhor" é *Yahweh*. Ele é o Deus que determina todas as coisas, o Soberano, o Todo-Poderoso, que estabelece padrões morais, e o salmista está dizendo que "eles estão contra". Você está querendo saber a razão dessa briga toda e por que ninguém valoriza aquilo que deveria ser valorizado? Mais uma vez a Palavra de Deus declara: "O mundo inteiro jaz no Maligno" (1 Jo 5.19).

Talvez você já teve a oportunidade de, ao identificar-se como cristão, no ambiente de trabalho ou escola, sentir-se como *persona non grata*. Por que isso? Eu diria que um homem arrogante não quer que alguém lhe determine o que tem de fazer. Um homem arrogante presume que é capaz de dar destino à sua vida, como ninguém seria capaz. O que acontece é que o homem está contente com sua transgressão e acha que realmente vale a pena seguir esse caminho. Está contente com a vida fora da direção de Deus, e quer viver de uma forma independente, auto-suficiente, determinando seus passos. Mas ele está dando resposta à pergunta: "Por que essa confusão toda?" Há um progresso de idéias aqui entre os versículos 2 e 3. No versículo 2, eles tomam posição contra, e no versículo 3, conspiram. A palavra traduzida por *conspiram*, aqui, é a mesma em Salmos 1.2, que é *meditar*. Isso traz a idéia de que eles estão ali constantemente, imaginando, pensando, refletindo fora da orientação de Deus. Enquanto o Salmo 1 diz que a felicidade está relacionada à meditação na Palavra de Deus, o Salmo 2 diz: "Esses que se colocam contra o Senhor estão meditando, mancomunando contra o Senhor, contra a sua vontade, contra o seu Ungido".

Por isso você pode ouvir um diretor de televisão dizendo: "O nosso objetivo é que a sociedade tenha um padrão tão diferente do atual, que no futuro um neto possa chegar para o vovô e dizer: 'Vovô, sou homossexual', e o vovô não ver nenhum problema nisso".

Quando você ouve algo assim, deve saber que quem está no poder tem capacidade de influenciar pessoas, e está ali oferecendo lazer à sua família e que, muitas vezes, você o considera inofensivo, pura diversão. Todavia, no versículo 3, nos é dito o que eles querem: "Rompamos as ataduras e sacudamos de nós as suas cordas". Esse é um povo que se rebela, e que agora pensa em como desobedecer a Deus e diz: "Não quero nada com Deus!" Mas Deus ainda assim é um Deus amoroso e tem o melhor para nós.

Esse princípio de rebeldia não é novo. No relato bíblico sobre a origem de Satanás, vemos que ali estava um anjo que agiu com rebeldia. A história da humanidade também começou com rebeldia. Pode-se perceber isso na atitude de um filho, quando o pai dá uma ordem e ele não obedece, ou ignora o que lhe é dito. Esse é um princípio constante na natureza e na sociedade humana. Assim, percebe-se isso em todos os segmentos da sociedade. Toda a mentalidade que envolve uma percepção do que é o homem, partindo da própria sabedoria humana, não leva em conta a sua natureza divina, conforme a semelhança do Deus que o criou. Tais idéias o concebem segundo uma percepção equivocada e infundada, absolutamente distinta do que diz a palavra de Deus.

Por que essa confusão toda? Por que o fútil cresce? O salmista está respondendo e mostrando como Deus enxerga tudo isso. No versículo 4 lemos: "Aquele que habita nos céus se rirá; o Senhor zombará deles". Talvez você esteja pensando por que Deus estaria zombando de alguém, como se não se importasse nem um pouco com o que se passa conosco. Mas tenho certeza de que Deus não está rindo por achar engraçada a situação caótica deste mundo, com a miséria, as guerras e as enfermidades que a todo momento ceifam milhões de vidas. Ele está rindo, sim, da presunção humana de querer traçar seu próprio destino. Ele está olhando do alto do seu trono para nós e dizendo: "Quem você pensa que é?" Ele não somente ri, mas acrescenta ainda o salmista no versículo 5: "Então, lhes falará na sua ira e no seu furor os confundirá". Diante das palavras do salmista, você pode erroneamente imaginar Deus sentado numa grande poltrona morrendo de rir. E, da mesma forma, você também pode cometer o erro de imaginar Deus, em alguma ocasião, como um pai exaltado, com a face enrubrescida. Ambas as idéias acerca de Deus estão equivocadas, pois tais sentimentos são próprios da natureza humana. A ira de Deus é tão santa quanto o seu amor; é tão pura quanto o seu caráter e por ser Deus santo, Ele não se faz cúmplice do mal praticado pelo homem. Segundo a sua santidade, Deus não pode se pautar de acordo com o coração e a natureza do homem. E o que Ele está dizendo está claro no versículo 5: "Então, lhes falará na sua ira e no seu furor os confundirá".

Haverá um tempo em que Deus se manifestará em ira e em juízo, suscitando terror a todos os que por Ele serão julgados. Não pense que Deus está à parte de tudo o que se passa em nossos dias. Ele apenas está nos dando tempo, o tempo necessário conforme a sua permissão, conforme a sua soberania e sabedoria. Pode parecer que as coisas estão fora de controle, mas Ele está dizendo: "Estou a par do que está acontecendo, e agirei no momento oportuno".

O salmista começa o texto fazendo suas perguntas. Ele apresenta os clamores da sociedade nos versículos 2 e 3, que explicam por que essa situação tão conturbada. Ele passa a fazer um anúncio de qual é sua reação a isso, mas aqui, a partir do versículo 6, passa a falar objetivamente sobre o que fará. Assim, nos versículos 6-9, diz: "Eu, porém, ungi o meu Rei sobre o meu santo monte Sião. Recitarei o decreto: O Senhor me disse: Tu és meu Filho; eu hoje te gerei. Pede-me, e eu te darei as nações por herança e os confins da terra por tua possessão. Tu os esmigalharás com uma vara de ferro; tu os despedaçarás como a um vaso de oleiro". Nesse ambiente, o salmista já anuncia a vinda do Messias. A palavra *ungido* é a tradução da palavra *Messias*, para a qual no grego temos *Cristo*.

Assim, estamos bastante familiarizados com o conceito que envolve o termo "ungido". O que é um ungido? Imagino que, por causa da literatura evangélica e de alguns programas de TV, você tenha uma visão equivocada do que significa *ungido*. Muitos líderes nos passam a idéia de que ungido é um indivíduo que está investido de alguma autoridade espiritual, ou de um poder especial.

Nos tempos bíblicos havia dois usos de unção. Um uso bastante comum era a unção que era parte da higiene e embelezamento pessoal, aplicada sobre a cabeça. Um outro tipo de unção era destinado a ocasiões especiais, como a coroação de um novo rei, ou quando alguém assumia um cargo superior. O óleo da unção era derramado sobre sua cabeça, como reconhecimento da sua autoridade para iniciar um mandato. Entretanto, as palavras usadas nos dois casos são diferentes.

Quero dar um exemplo: quando alguém vence as eleições aqui no Brasil, recebe do Tribunal Regional Eleitoral (tratando-se de eleição municipal ou estadual) o diploma, que permitirá que tome posse. Eu diria que esse diploma corresponde à unção dos tempos bíblicos. Era alguém que estava sendo investido de autoridade. Agora, esse povo que está contra o Senhor e contra o seu Ungido enfrentará a ira de Deus, que está colocando seu Ungido numa posição de soberano. Ele reinará com vara de ferro, e despedaçará o que possa ser despedaçado, estabelecendo o seu poder na terra.

Quando as Escrituras do Antigo Testamento falavam do Messias, mencionavam duas vindas específicas. A primeira falava de Cristo, seu nascimento e morte vicária. E, de fato, foi o que Ele cumpriu há dois mil anos na sua morte na cruz do Calvário. Essa é a primeira visão da vinda do Messias, que é marcada por humilhação e por vergonha. Mas isso não é tudo. As Escrituras também falam da segunda vinda de Cristo, quando Ele virá com poder e glória para estabelecer o seu Reino. Assim, podemos concluir o seguinte acerca do que Deus nos está dizendo: "Há um tempo limitado para esse caos reinante por vocês criado".

É interessante observar a ênfase das suas palavras: "Eu, porém, ungi o meu Rei". Isto significa que não depende de você ou de mim; Ele mesmo estabelecerá o seu Reino!" Esse é um compromisso de Deus e de mais ninguém.

Stuart Briscoe, escrevendo sobre esse aspecto da providência divina, diz:

> Enquanto o caos reina na terra, por causa da arrogância humana e sua rejeição a Deus, enquanto homens cambaleantes tentam estabelecer sua independência rebelde que os conduz ao inferno, o Senhor e seu Filho estão sentados, no trono acima de todos, confidenciando e se preparando para estabelecer o seu Reino com "vara de ferro". Não há, da parte de Deus, de forma alguma, algum desespero: "E agora? O que vai acontecer? Fugiu do controle!" Não há, da parte de Deus, nenhuma preocupação: "O que é que eu faço?", nenhuma frustração: "Eu não consegui o que queria".

Recentemente, ouvi alguém comentando sobre uma literatura em que uma pessoa dizia que devemos perdoar a Deus por aquilo que Ele não é capaz de fazer. A figura apresentada aqui não é de um Deus frustrado, limitado, decepcionado, que perdeu o controle, ao contrário, Deus está no controle de tudo e a seu tempo julgará as nações por meio do seu Ungido.

Com relação ao futuro do Brasil, alguns podem estar pessimistas. Mas há também muitas pessoas olhando para o futuro do nosso país com muito otimismo. Assim, quero apresentar uma proposta alternativa: ser realista é enxergar os fatos que acontecem à nossa volta, segundo a perspectiva do que nos revela a Palavra de Deus. Eu não preciso enxergar essa situação de conturbação política, o fato de que a economia enfrenta um período incerto, ou a violência, que a cada dia cresce mais e mais. Posso olhar para tudo isso, para a realidade do homem, da política, da evolução dos fatos, à luz da soberania de Deus. Também posso olhar para a impotência humana, à luz do poder absoluto de Deus.

E agora, o que Fazer?

As perguntas do salmista, logo no início do Salmo 2, poderiam ser feitas por qualquer pessoa em nossos dias. Na verdade, as coisas não mudaram muito desde que Davi escreveu estas palavras. No entanto, para as perguntas que faz, ele mesmo nos provê as respostas, e conclui dando algumas instruções. É preciso analisarmos com muito cuidado estas instruções, tomando-as seriamente e aplicando-as ao nosso viver diário.

Assim nos diz o versículo 10: "Agora, pois, ó reis, sede prudentes". A primeira palavra é para que os reis sejam prudentes. Isso vale tanto para aqueles que estão imbuídos de autoridade, como para quem lhes deve obediência. O ensino é para que o rei haja com entendimento, com discernimento, com consideração à repreensão, em vez de se deixar levar pelo pensamento reinante e pela visão deste mundo. Portanto, ouça o que nos diz a Palavra de Deus. Seja prudente!

Além dessa convocação à prudência devemos acrescentar uma advertência. A idéia aqui é ouvir o que Deus está falando: em vez de se deixar levar pelo que o povo fala, devemos considerar o que Deus adverte. Deus está no controle e tem autoridade. Não podemos ser levados por uma reflexão à parte de sua Palavra, pela futilidade reinante, pela visão míope da sociedade, pela atitude orgulhosa e enganosa do homem que não reconhece a Deus como soberano.

Em terceiro lugar, devemos considerar o que está escrito no versículo 11: "Servi ao Senhor com temor". Em algumas versões, em lugar de "servir" temos a palavra "adorar", que é tradução do termo *abad* e contém dois sentidos distintos. O primeiro é o de parar diante de Deus e contemplar e exaltá-lo; porém, tal exaltação nunca é separada do sentido de servir. Portanto, a idéia aqui é de um adorador, de alguém que rende culto ao Senhor, mas não da boca para fora; é alguém que verdadeiramente o serve. O adorador não é aquele que simplesmente canta, mas, antes, é aquele que obedece e se sujeita, colocando-se inteiramente a serviço daquele que exalta através de sua adoração, exatamente como o salmista o faz: "Nas tuas mãos entrego o meu espírito" (Sl 31.5, ARA).

A quarta instrução está no versículo 11, que diz: "Alegrai-vos com tremor". A idéia que o salmista queria transmitir com essa palavra é a de uma alegria em reverência ante a presença de Deus. Alguém pode dizer: "Mas devemos nos alegrar com Deus". Concordo com essa idéia. Aliás, a palavra que foi traduzida por *exultar* traz a idéia de festejar diante de Deus, mas não se trata de uma celebração vazia e superficial; antes, é um festejar consciente de que você está diante do Rei dos reis e Senhor dos senhores, do Criador do universo, aquEle perante o qual todos nós compareceremos para prestar-lhe contas.

Ele nos dá ainda uma quinta instrução: "Beijai o Filho, para que se não ire, e pereçais no caminho, quando em breve se inflamar a sua ira". Nos tempos antigos, havia uma maneira de reconhecer a autoridade do rei. Era curvar-se e beijar-lhe os pés. Era prostrar-se diante dele e reconhecer o seu poder e autoridade soberana. Tal reverência demonstra o poder que o rei tem sobre a vida de seus súditos.

Concluindo suas palavras, o salmista termina dizendo: "Bem-aventurados todos aqueles que nele confiam". Ele está dizendo que a verdadeira felicidade está em confiar e viver segundo a vontade de Deus, que é o Todo-Poderoso, o Soberano absoluto, aquele que determina todas as coisas. Ele está dizendo: "Confie no Senhor e reconheça a sua soberania; você perceberá que não há nada melhor que depositar nEle a sua confiança".

Depois de analisar o que nos diz o salmista, devemos nos questionar sobre o que estamos fazendo com a nossa vida. Talvez você não possa ter grande impacto sobre os destinos políticos da sua cidade, do seu Estado, da sua nação, mas pode exercer uma influência muito positiva no ambiente onde você vive, seja na família, no trabalho, na igreja ou no bairro onde mora. Isso começa com a sua postura. Seja prudente, deixe-se advertir. Não seja levado pela mentalidade reinante. Sirva ao Senhor, alegre-se nEle com tremor. Reconheça sua autoridade.

Há uma poesia que diz:

Ainda que muito gaste em observar,
Não progrido muito em entender,
Por que os homens vivem a lutar?
Por que o fútil não pára de crescer?

Há sempre uma proposta a alternar,
E em sua falência, outra para reverter.
Em todo tempo não cessam de buscar,
Sem nada alcançar e nem se aperceber.

Contra o Senhor eles querem conspirar,
E contra o Filho julgam eles ter poder.
Com ilusão de muito poder alcançar,
Mas não resistirão ao verdadeiro Poder.

De seu trono alto Ele está a caçoar,
E a seu tempo ele os há de repreender,
Da tolice de pensar em arrebentar,
Suas amarras de amor e de poder.

A seu Filho que nos prometeu gerar,
Em trono eterno Ele o vai estabelecer,
O Senhor todas nações o fará herdar,
E com firmeza Ele as haverá de reger.

Não importa que posição venha ocupar,
Nem tampouco se autoridade possa ter.
Necessário faz-se prudência alcançar,
E com humildade a instrução receber.

Serviço em temor devemos prestar,
Alegria em de fato ao Senhor conhecer,
Submisso em temor seus pés beijar,
Livres da ira e assim felizes poder ser.

Fernando Leite

Talvez você ainda não tenha encontrado esse Jesus. Talvez já tenha encontrado, mas não está se deixando advertir, levando sua vida como se Deus não tivesse nem o poder e nem a soberania que de fato tem. Gostaria que essa fosse uma oportunidade de você entregar sua vida a Cristo, reconhecendo-o como o Soberano Senhor. Se esse for o seu desejo, ore a Deus neste momento entregando sua vida a Ele, reconhecendo sua fragilidade e a necessidade de aceitar o perdão que Jesus nos oferece.

Vamos orar:

Livra-nos, ó Pai, de ficarmos entretidos com as adversidades deste mundo, sem ao menos perceber que o Senhor tem a solução para cada um dos nossos problemas. Que cada um que tenha ouvido de seu Filho possa, de fato, entregar-se, crendo que Ele já nos comprou com o seu sangue, crendo também que fomos perdoados e aceitos por ti. Senhor, ouve as orações daqueles que reconhecem seus desvios e estão se dispondo, de uma forma renovada, a se dedicarem novamente a ti, curvando-se ante a tua soberania, o teu senhorio e o teu poder. Eu oro, ó Pai, em nome de Jesus. Amém.

Capítulo 3

Quando a Hostilidade Mora em Casa

Salmo 3

Senhor, como se têm multiplicado os meus adversários! São muitos os que se levantam contra mim. Muitos dizem da minha alma: Não há salvação para ele em Deus. Mas tu, Senhor, és um escudo para mim, a minha glória e o que exalta a minha cabeça. Com a minha voz clamei ao Senhor; ele ouviu-me desde o seu santo monte. Eu me deitei e dormi; acordei, porque o Senhor me sustentou. Não terei medo de dez milhares de pessoas que se puseram contra mim ao meu redor. Levanta-te, Senhor; salva-me, Deus meu, pois feriste a todos os meus inimigos nos queixos; quebraste os dentes aos ímpios. A salvação vem do Senhor; sobre o teu povo seja a tua bênção.

Introdução

Para entendermos este salmo é necessário conhecer o contexto histórico em que foi escrito. Assim, é preciso entender o que estava acontecendo. O texto começa com o clamor do salmista: "Senhor, como se têm multiplicado os meus adversários! São muitos os que se levantam contra mim. Muitos dizem da minha alma: Não há salvação para ele em Deus". Essa passagem nos mostra que Davi estava vivendo uma situação de adversidade, enfrentando rebeldia e oposição. Quando olhamos para o título do salmo, que também faz parte do texto original, percebemos de imediato, o que se passava, e a gravidade da situação em que se encontrava o autor sagrado: "Salmo de Davi, quando fugiu de diante da face de Absalão, seu filho".

A história de Absalão é narrada no livro de 2 Samuel, principalmente nos capítulos 15 e 16. Mas para apresentar uma idéia mais ampla, vale a pena ler os capítulos 3 ao 19. O que sabemos é que Absalão rebelou-se contra seu pai e quis tomar o poder. Além do seu filho, o principal conselheiro de Davi, chamado Aitofel, de quem é dito, em 2 Samuel 16.23, também fazia parte da intriga. Ele era de tal confiança de Davi, que a sua palavra era como se fosse a palavra de Deus!

Mas veja o que o texto de 2 Samuel 15.14 nos diz: "Disse, pois, Davi a todos os seus servos que estavam com ele em Jerusalém: Levantai-vos, e fujamos, porque não poderíamos escapar diante de Absalão. Dai-vos pressa a caminhar, para que porventura não se apresse ele, e nos alcance, e lance sobre nós algum mal, e fira a cidade a fio de espada". Davi estava correndo risco de morte. Seu filho estava pronto a matá-lo.

Em 2 Samuel 15.30, lemos: "E subiu Davi pela subida das Oliveiras, subindo e chorando..." Não somente era uma situação de rebeldia que o colocava em risco de morte, mas também percebemos que ele estava triste. Além disso, em 2 Samuel 16.14, lemos que Davi e sua comitiva estavam exaustos: "E o rei e todo o povo que ia com ele chegaram cansados..." Aquela situação toda levou Davi a fugir de seu filho, cheio de tristeza e cansaço. Tudo isso aconteceu por causa de uma intriga familiar — um filho contra o pai.

Pessoalmente, tive a oportunidade de conhecer algumas histórias terríveis de famílias destruídas por intrigas. Seja de sogras contra noras, pais que sofrem agressões dos próprios filhos, ou de filhos que padecem nas mãos de seus pais, ou de um irmão que padece na mão de um outro irmão. Também são comuns os conflitos entre os cônjuges; assim, os problemas de intriga e tensões familiares não nos são estranhos. O que isso gera? Encontramos pessoas amarguradas, com medo, tristes, inseguras, cheias de sentimentos de culpa, frustração e, não poucas vezes, acometidas por doenças decorrentes do estresse de tais problemas e tensões.

Apesar dessa situação tão difícil enfrentada por Davi, ficamos surpresos quando observamos as suas reações. Por exemplo, no versículo 5, ele diz: "Eu me deitei e dormi; acordei, porque o Senhor me sustentou". Assim, ele está dizendo que, apesar de tudo, não perdia o sono. Aquela situação toda não atrapalhava a sua vida e nem lhe tirava o sono. Se você é como eu, torna-se difícil entender como alguém diante de um conflito tão desgastante pode não perder o sono, ainda que sob tais circunstâncias. Porém, vemos que tal disposição diante da situação adversa somente era possível através da providência do Senhor, que o sustentava.

Olhando para 2 Samuel 16.11,12, vemos como Davi reagia quando alguém o ofendia: "Disse mais Davi a Abisai e a todos os seus servos: Eis que meu filho, que descendeu de mim, procura a minha morte, quanto mais ainda este filho de Benjamim? Deixai-o; que amaldiçoe, porque o Senhor lho disse". Ele estava sendo maldiçoado por alguém, mas você não o vê amargurado, tampouco desesperado. Ele tem um sério problema com o filho, que queria matá-lo. Também os seus amigos de confiança tornaram-se aliados de seu filho rebelde. Além disso, as pessoas estavam dizendo que ele não iria escapar daquela situação. Porém, ainda assim, você não o vê perdendo o sono, ou desesperado e assustado. Mas como é possível viver tal situação de adversidade dentro de sua própria casa e, mesmo assim, não perder o sono e as esperanças? Vale a pena agora meditar na vida de Davi, e ver o que o levava a não se abater diante das circunstâncias. Isso é necessário e fundamental para todos nós, já que enfrentamos adversidades em qualquer situação ou lugar.

Vamos fazer uma tomografia do coração de Davi para entendermos o que fazia a diferença na postura do salmista diante das adversidades. Davi estava sendo perseguido por seu filho, mas tinha três imagens claras dentro de si, que nos ensinam como se pode enfrentar uma situação como essa e superá-la. Refiro-me a situações hostis, dentro ou fora de casa. Situações que nos entristecem, nos ameaçam e nos tiram a paz.

A primeira imagem que surge nas palavras do salmista é a imagem do escudo. No versículo 3 lemos: "Mas tu, Senhor, és um escudo para mim, a minha glória e o que exalta a minha cabeça". Vamos entender essa situação. Não pense que a situação de Davi era tranqüila. Não era! Em 2 Samuel 15.12,13, temos uma idéia da gravidade da situação: "Também Absalão mandou vir Aitofel, o gilonita, do conselho de Davi, à sua cidade de Gilo, estando ele sacrificando os seus sacrifícios; e a conjuração se fortificava, e vinha o povo e se aumentava com Absalão. Então, veio um mensageiro a Davi, dizendo: O coração de cada um em Israel segue a Absalão". A revolta tinha alcançado uma proporção muito grande, pois os israelitas estavam com Absalão, o que se percebe logo no início, no clamor do salmista: "Senhor, como se têm multiplicado os meus adversários! São muitos os que se levantam contra mim. Muitos dizem da minha alma: Não há salvação para ele em Deus" (vv. 1,2).

Duas vezes aparece a palavra "muitos", mas é interessante observar que no versículo 6 ele diz: "Não terei medo de dez milhares de pessoas que se puseram contra mim ao meu redor". A palavra "milhares", na língua hebraica, tem a mesma origem da palavra "muitos". Um detalhe interessante é que o primeiro "muitos" traduzido aqui, na língua portuguesa, é um pronome indefinido, mas na língua hebraica é um verbo. É um verbo que não temos em português, que traz a idéia de "crescer constantemente". Talvez o autor precisasse dizer: "aumentam os meus adversários". Ou seja, mais que ruim, a situação estava piorando. Cada vez mais Davi representava a minoria. É este o contexto que ele descreve: tendo de enfrentar todos que se levantavam contra ele.

Chamo a sua atenção agora para a palavra "mas", no início do versículo 3: "Mas tu, Senhor". Quando eu estava no seminário, de vez quando a programação de tarefas no período da tarde era alterada. Certo dia, alguém chegou diante do grupo e disse: "Gostaria de dizer que tal programação foi cancelada". Aquilo era um alívio para os calouros. Mas os veteranos já sabiam que alguma outra atividade substituiria aquela; assim, enquanto os calouros se alegravam com a notícia, os veteranos faziam um coro com a expressão "mas", pois a alteração certamente não seria simplesmente para cancelar algo. Aqui, no versículo em apreço, Davi está dizendo: "Eu estou cercado. Meus inimigos aumentam. Cresce o número deles. 'Mas' tu, Senhor, és um escudo para mim!" De onde ele tirou essa idéia de que Deus é um escudo? Com certeza não foi ele quem inventou. Isso não é linguagem poética simplesmente, fruto de um grande momento de inspiração.

Em Gênesis 15.1, lemos que Abraão, igualmente, viveu experiências difíceis e árduas. Deus apareceu a Abraão num momento de dificuldade, depois de guerras, depois de contendas com seu sobrinho, depois da consciência de que os filhos que esperava não haviam nascido. Então Deus aparece a ele e diz: "Não temas, Abrão, eu sou o teu escudo". Assim, quando Davi se encontra naquela situação ameaçadora, correndo risco de morte, cansado e triste, tem a consciência de que Deus assumiu um compromisso com aquele povo quando disse a Abraão:

"Eu sou o teu escudo". Então ele ora de forma semelhante a Moisés. As palavras do patriarca, registradas em Deuteronômio 33, são naquele momento as suas: "Senhor, [tu és] o escudo do [meu] socorro". Ele tem uma visão muito clara acerca de Deus. Deus é um escudo! Essa imagem está no seu coração.

Assim, quando Davi vê toda aquela situação, também percebe que Deus está se antepondo entre ele e as hostilidades. Ele sabia que o "escudo" era um compromisso que Deus havia assumido com aquele povo. Deus se propunha a ser seu escudo e o seu provedor e protetor. Davi estava descansando naquela situação desesperadora porque conhecia o seu Deus e os compromissos dEle com o seu povo. Então, quando ele diz: "Tu és o meu escudo", está confiando que sua necessidade de proteção estava garantida.

Não podemos correr o risco de nos enganar, pensando que ao se referir a Deus como escudo, Davi o está comparando a um amuleto que o livraria de todo mal. Para se entender melhor a aplicação deste termo, é preciso uma análise de sua origem. Existem duas palavras específicas para se descrever *escudo*. Naquela época, utilizava-se um escudo maior, grande o suficiente para proteger todo o corpo daquele que o empunhava. Mas a palavra hebraica para descrever o escudo a que faz menção o salmista, de fato, refere-se a um escudo redondo menor. Quando ele diz que Deus é um escudo, não significa que nenhum mal lhe sobrevirá, mas quer dizer que nenhum mal ocorrerá sem a ciência e a permissão de Deus.

Ele deixa isso muito claro no contexto de 2 Samuel 15.25,26: "Então disse o rei a Zadoque: Torna a levar a arca de Deus à cidade; se achar eu graça aos olhos do Senhor, ele me tornará a trazer pra lá e me deixará ver a ela e a sua habitação. Se, porém, disser assim: Não tenho prazer em ti; eis-me aqui, faça de mim como parecer bem aos seus olhos". Ele sabia que aquele mal podia lhe acontecer, e ele não teria a oportunidade de ver novamente a Arca da Aliança de Israel.

Quando Deus assume o compromisso de ser escudo, não significa que essa seja a garantia de que nenhum mal nos sobrevirá. Mas significa que, dentro da sua vontade e soberania, só acontecerá aquilo que Ele permitir. E Davi sabia que Deus tinha um plano para a sua vida e, como Soberano, Ele conduziria o seu plano até o final.

Davi estava sofrendo com a adversidade, com a rebelião, com aqueles que se levantavam contra ele. Mas, em vez de se desesperar, ele dizia: "Senhor, estou tranqüilo! Minha vida está em tuas mãos. Tu és o meu escudo. Estou protegido daquilo que preciso ser protegido". Isto significa que não poderia lhe ocorrer nenhum mal? Evidentemente que poderia! E de fato já estava ocorrendo! E ele já estava sofrendo com isso. Mas Davi confiava na providência divina e sabia que Deus, em sua soberana vontade, poderia permitir tal situação, mas não o desampararia. Então mesmo diante de tais circunstâncias, ele continuava seguro, porque sabia que Deus era o seu escudo.

Essa é a primeira imagem que Davi tinha claramente em sua mente. Mas essa não é a única. No versículo 3 ele demonstra que tem uma segunda imagem, que é a imagem de Deus como sendo a sua glória: "Mas tu, Senhor, és... a minha glória". A palavra *glória* é uma palavra com a qual não estamos muito familiarizados. Essa palavra na língua hebraica significa "peso". Quando a intenção era se descrever alguém digno, este era descrito como alguém de *peso*. Em nossa cultura, também usamos a mesma figura de linguagem, ao nos referirmos a alguém importante como "alguém de peso". Não estamos falando do seu peso, literalmente, mas do seu valor. Ele é alguém respeitável, digno, nobre, de valor. E dessa forma, quando na língua hebraica se falava que alguém era glorioso, era alguém nobre, honrado, rico. Assim, eu diria que a segunda imagem que Davi tem, para glória, era a idéia de coroa. Por quê? Davi estava sendo traído por seu filho e pelo seu principal conselheiro, Aitofel. Várias pessoas estão levantando-se contra ele. Por isso ele tenta fugir, cansado, triste e humilhado.

Você não avalia o impacto que isso tinha no coração do salmista? Tenho conversado com pessoas que têm vivido experiências difíceis, mas as experiências difíceis não se equivalem ao impacto emocional provocado em suas vidas. A reação emocional que normalmente as pessoas têm diante da adversidade pode ser pior que a própria adversidade. Desta forma, a disposição emocional diante das circunstâncias adversas é de fundamental importância. Quando olhamos para Davi, entendemos sua situação ao fugir. Ele já havia dito: "São muitos os que se levantam contra mim. Muitos dizem da minha alma: Não há salvação para ele em Deus" (vv. 1,2). Além da rebeldia e adversidade, ainda existiam aqueles que o afrontavam, dizendo: "Não há salvação para ele em Deus". Mas quem eram essas pessoas? Muito provavelmente alguns amigos seus. Todos nós, como Davi, podemos estar cercados do mesmo tipo de "amigos". Alguns deles simplesmente nos abandonam em momentos difíceis; outros, por sua vez, são especialistas em nos desestimular. Contudo, existem aqueles que, a despeito das adversidades por que passamos, permanecem ao nosso lado para nos consolar e nos ajudar.

Lembro-me de certa ocasião em que fui doar sangue. Entre os doadores, alguns ali estavam deitados e outros em pé. Havia também uma pessoa que estava deitada em uma poltrona, de cabeça para baixo, com as pernas para cima, pálido e passando mal. Nisto, uma enfermeira passou e disse: "Você está bem!", e eu me perguntei: Mas como pode estar bem uma pessoa nessa situação? Será que alguém nestas condições acredita que está bem? Após a doação, encontrei o rapaz e pude conversar com ele, ao que lhe disse: "Mas você estava mal, hein!" Muitos profissionais da área de saúde são especialistas em dizer que você está bem quando você não está. E, da mesma forma, alguns amigos são assim: independentemente da gravidade da situação, estão sempre dizendo: "Não se preocupe, as coisas vão melhorar, você vai ficar bem!" Porém, os amigos de Davi não estavam nem um pouco otimistas quanto à sua situação, mas estavam dizendo: "Ninguém vai te salvar". Eles eram aquele tipo de amigo pessimista que de vez em quando levanta um comentário desanimador: "Oh, rapaz! A situação está ruim. Você está esperando uma palavra de consolo? Ih, está pior do que você pensou!" Esse tipo de pessoa só deixa você ainda pior. Talvez fosse essa a palavra que estava na boca de Aitofel, o conselheiro de Davi.

Além de amigos e inimigos, temos também aqueles oportunistas que esperam a oportunidade para tirar a sua vantagem. Dentre eles podemos citar Simei. Ele era um descendente da monarquia que precedeu a de Davi, e teve uma participação significativa no tumulto que havia ao redor deste rei, em sua saída de Jerusalém. Em 2 Samuel 16.6-8 lemos: "E apedrejava com pedras a Davi e a todos os servos do rei Davi, ainda que todo o povo e todos os valentes iam à sua direita e à sua esquerda". Nos versículos 7 e 8 também lemos acerca de sua natureza perversa: "E, amaldiçoando-o Simei, assim dizia: Sai, sai, homem de sangue e homem de Belial! O Senhor te deu agora a paga de todo o sangue da casa de Saul, em cujo lugar tens reinado..." E bem provavelmente esse Simei tenha dito também: "Não há salvação para você!" Davi estava ouvindo tudo aquilo e creio que aquela experiência teve um impacto muito grande em sua vida.

Voltando ao texto de 2 Samuel 15.30 lemos: "E subiu Davi pela subida das Oliveiras, subindo e chorando..." Aqui está um homem, não um menino; nem mesmo um civil, mas um militar, um general, um homem acostumado com situações difíceis. Mas ele está saindo da cidade chorando. Ele está triste, e na seqüência do texto lemos que estava com a cabeça coberta. Existiam duas circunstâncias em que o povo de Israel cobria a cabeça. A primeira era quando estavam de luto; a segunda, quando se pressentia que algum mal estava para acontecer. Ele sabia dos riscos que estava correndo e, por isso, está cobrindo a sua cabeça, humilhado. Ele está dizendo: "Estou humilhado, com a cabeça abaixada e curvada, sabendo o mal que está por vir".

Mas há uma terceira nota aqui no versículo 30 que nos mostra como se deu a saída de Davi: "... e caminhava com os pés descalços". Isso, na sociedade judaica, significava que a pessoa estava tremendamente envergonhada e triste, esperando o pior. Porém, ainda que em tais circunstâncias, Davi diz: "Mas tu, Senhor, és um escudo para mim, a minha glória e o que exalta a minha cabeça" (v. 3). A idéia de glória aqui é que ele estava triste, humilhado e envergonhado, mas o Senhor iria levantar a sua cabeça. O Senhor era a sua glória, e não iria desampará-lo em tal situação. Por isso usei a figura da coroa, porque além de transmitir a idéia de glória, no caso de Davi era praticamente a sua restauração ao reino de Israel.

Todos nós estamos sujeitos a experiências de conflitos. Algumas vezes podem ser apenas insinuações que levantam a nosso respeito. Outras, podem gerar acirradas disputas e choques por causa de sua posição, de autoridade, da liderança que você exerce no ambiente de trabalho. Isso muitas vezes pode levá-lo, a exemplo de Davi, a um sentimento de tristeza e de humilhação. No entanto, em vez de simplesmente tentar reagir e fazer as coisas por si mesmo, Davi tem a convicção de que é Deus quem vai levantar a sua cabeça. Ele está vivendo situação difícil, mas sabe que Deus é o seu escudo e também a sua glória. Essa era a segunda imagem bem nítida em sua mente.

A terceira imagem que Davi trazia consigo era a de um monte. No versículo 4 ele diz: "Com a minha voz clamei ao Senhor; ele ouviu-me desde o seu santo monte". A cidade de Jerusalém fica numa cadeia montanhosa. Ali também havia um grande vale, chamado vale de Cedrom, que dava acesso ao monte das Oliveiras. Havia também o vale Central e o monte Sião. Nos tempos de Davi, esse monte era tão importante que acabou se tornando o símbolo da nação. Há duas idéias vinculadas àquele monte. A primeira é a de que foi naquele monte que Deus estabeleceu Davi como rei de Israel, o que lhe conferia um símbolo para a nação. Mas não somente isso. Era naquele monte que ficava o Templo, onde estava a Arca da Aliança de Deus. A Arca da Aliança era uma mobília feita nos tempos de Moisés. Havia dois querubins sobre ela, e dentro era guardada a vara de Arão e um pouco do maná — o pão que caiu do céu quando o povo estava no deserto. Havia também as duas tábuas da Lei, que eram o símbolo do pacto de Deus com aquele povo. Assim, quando Davi diz: "Com a minha voz clamei ao Senhor", ele está orando e pranteando diante de Deus! E a sua resposta, com diz o texto, viria do "seu santo monte". Para ele, estar diante da Arca do Senhor, a Arca que trazia o memorial do compromisso de Deus com aquele povo, era a oportunidade de ter o privilégio de uma íntima comunhão com Deus.

Quando Davi dirigia-se à presença de Deus orando e clamando, aguardava que a resposta viesse daquela montanha, onde havia a Arca de Deus, a evidência de sua presença. Ele tinha a expectativa de que Deus iria cumprir os compromissos assumidos no pacto. Que compromissos eram esses? Um exemplo está em Levítico 26, onde se encontra a promessa de Deus ouvir o seu povo. Levítico 26.40 fala que, quando o povo se desviasse do Senhor, caso se arrependesse, de novo seria ouvido pelo Senhor. Então, Davi, agora, consciente, com um quadro claro na memória desse compromisso de Deus, está dizendo: "Senhor, estou confiando em ti, no compromisso que o Senhor tem, no compromisso de amor", compromisso marcado por fidelidade, compromisso de cuidar do seu povo. Ele está dizendo: "Eu estou clamando e sei que o Senhor vai responder".

Até aqui vimos que há três imagens claras em sua mente. Ele não é arrogante, não está simulando uma confiança, tampouco está fazendo o jogo do otimista. Também não está jogando com o pensamento positivo. Não! Ele conhece o compromisso de Deus com ele.

Em 2 Samuel 15 lemos que o sacerdote Zadoque trouxe para Davi a Arca da Aliança e disse: "Agora que você vai fugir, leve a Arca. Deus vai nos proteger, vai cuidar de nós". Provavelmente, Zadoque está propondo que Davi utilize a Arca como uma espécie de talismã, mas Davi rejeitou e respondeu: "Não, deixe a Arca aí. O lugar dela é esse mesmo. Deixe a Arca aí". Note como ele fala no versículo 25: "Torna a levar a arca de Deus à cidade; se achar eu graça aos olhos do Senhor, ele me tornará a trazer para lá e me deixará ver a ela e a sua habitação. Se, porém, disser assim: Não tenho prazer em ti; eis-me aqui, faça de mim como parecer bem aos seus olhos". Ele tem essa confiança de que Deus poderá, de fato, livrá-lo daquela situação e ter o seu trono restituído. Pode ser que isso não aconteça, mas ele está igualmente tranqüilo. Ainda que a resposta de Deus seja negativa ao seu pedido, ele está tranqüilo porque sabe que, embora Deus possa não dar alguma coisa que deseja, não vai falhar com o compromisso de amor que assumiu com o seu povo.

A situação de Davi era complicada: o filho queria matá-lo, os seus conselheiros estavam se aliando ao seu filho e a rebelião estava crescendo. Mas ele não se desespera, não perde a esperança. Davi sofre pela tristeza, pela humilhação e pela vergonha. Mas não se assusta, e isso por causa dessas três idéias que tem bem claras em sua mente: Deus é o escudo que o protege, Deus é a sua glória e pode responder-lhe de seu santo monte, livrando-o da humilhação.

Davi sabia que Deus tinha um compromisso com ele. É por isso que não se assustava e dormia tranqüilo. É por isso que ele clama no versículo 7: "Levanta-te, Senhor; salva-me, Deus meu..." Ele pede que Deus o liberte daquela situação, e continua: "Destrói todos os meus inimigos e reduza-os a pó". Creio que Davi tinha uma consciência muito clara de uma coisa: a vingança existe e é parte da justiça. Só que tem um detalhe: ela é uma prerrogativa divina. Por isso nos diz o Senhor por meio do apóstolo Paulo: "Minha é a vingança; eu recompensarei" (Rm 12.19). A vingança existe e faz parte da justiça, mas não compete a nenhum de nós nos vingarmos de quem nos hostiliza, ou se rebela contra nós, ou nos humilha e nos entristece! Esse é um problema de Deus! E quando Davi está orando dessa maneira tão explícita e dura, está dizendo: "Faça a sua parte! Estabeleça a justiça!"

Há duas marcas na atitude de Davi para as quais gostaria de chamar a sua atenção. A primeira está em 2 Samuel 15.26, que diz assim: "Se, porém, disser assim: Não tenho prazer em ti; eis-me aqui, faça de mim como parecer bem aos seus olhos". Aqui vemos que Davi era uma pessoa humilde. Ele não está dizendo: "Senhor, estou determinando! O Senhor tem que fazer isso!" É muito comum ouvir isso hoje. Em uma completa inversão de papéis, muitos colocam a Deus na posição de um mero fornecedor de serviços de segurança, arrogando para si a soberania divina. Davi não fala isso, mas diz apenas: "Se o Senhor quiser, se for do teu agrado". Como isso é tão diferente deste falso e equivocado cristianismo difundido em nossos dias! Precisamos aprender com Davi a atitude que devemos ter com nosso Deus.

A segunda marca é a sua entrega confiante. No final do versículo 26 ele diz: "... faça de mim como parecer bem aos seus olhos". Lógico que ele quer ser liberto daquela situação. Mas, em sua colocação, o que era mais importante não era que fosse feita a sua vontade, mas a vontade de Deus. Ele se entrega a Deus, e confiante diz: "O Senhor sabe o que eu gostaria e o que prefiro. Se o Senhor fizer isso, será ótimo. Mas faça a sua vontade". Ele tem expectativas de que Deus, de fato, vai agir. No versículo 8 ele diz: "A salvação vem do Senhor; sobre o teu povo seja a tua bênção". A idéia é a seguinte: "Senhor, sei que é de ti que vem a condição para eu cumprir o papel que cabe a mim".

Finalizando, precisamos ver como o texto se aplica a nós. Se você está enfrentando as mesmas adversidades, seja em seu lar, seja em sua comunidade, seja em seu ambiente de trabalho, gostaria de sugerir alguns passos para você aplicar as palavras de Davi à sua vida.

Em primeiro lugar, sugiro que você escreva em uma folha de papel o nome ou nomes de seus adversários nesse momento. Não precisa mostrar a ninguém. Registre quem são as pessoas, se é que existem, que estão se rebelando e colocando-se como adversários, ou que simplesmente estejam transmitindo uma palavra pessimista, desestimulando-o.

Em segundo lugar, quero desafiar você a ler os capítulos 13 a 19 de 2 Samuel, que narram todo o contexto do Salmo 3. Gostaria que você lesse essa passagem e fosse sublinhando as marcas da confiança de Davi.

Em terceiro lugar, gostaria que você alinhasse a sua humildade. A postura de Davi diante de todo aquele quadro não foi simplesmente questionar a Deus, dizendo: "Por que isso acontece comigo? Eu não mereço!" Não! Ele simplesmente dizia: "Se o Senhor quiser". Assim, coloque-se diante de Deus humildemente para que Ele reverta essa situação.

Em quarto lugar, eu gostaria que você alinhasse a sua vontade, ou seja, independentemente da situação em que vive hoje, que você possa dizer a Deus: "Senhor, eis aqui a minha vida. Faça o que o Senhor quiser. Eu gostaria que o Senhor transformasse essa situação, mas inclino-me à tua vontade".

Quando você busca a Deus e humildemente sujeita-se à sua vontade, você está delegando a Ele a responsabilidade de cuidar da situação. Deixe que Ele cuide! Minha expectativa é que você possa olhar para esse salmo e, em vez de se sentir humilhado, envergonhado e derrotado diante das adversidades da vida, das adversidades, que você possa ter a sua própria experiência com Deus, e dar o testemunho de como Ele tem agido na sua vida.

Vamos orar:

Pai celestial, é precioso ouvir a sabedoria e a clareza da tua Palavra e saber que ela é aplicável à realidade da nossa vida hoje. Não são princípios para serem falados ou vividos apenas dentro da igreja, mas que valem para a vida diária. O Senhor conhece todos aqueles que estão passando por experiências de hostilidade, ou das mensagens ardilosas de que não há mais esperança. Quero te pedir, ó Pai, que cada um, seguindo os conselhos, orientações e exemplos de Davi, possa dizer sem medo, que confia em ti. Eu oro em nome de Jesus. Amém.

Capítulo 4

Quando não Existe mais Esperança

Salmos 4 e 11

Salmo 4

Ouve-me quando eu clamo, ó Deus da minha justiça; na angústia me deste largueza; tem misericórdia de mim e ouve a minha oração. Filhos dos homens, até quando convertereis a minha glória em infâmia? Até quando amareis a vaidade e buscareis a mentira? Sabei, pois, que o Senhor separou para si aquele que lhe é querido; o Senhor ouvirá quando eu clamar a ele. Perturbai-vos e não pequeis; falai com o vosso coração sobre a vossa cama e calai-vos. Oferecei sacrifícios de justiça e confiai no Senhor. Muitos dizem: Quem nos mostrará o bem? Senhor, exalta sobre nós a luz do teu rosto. Puseste alegria no meu coração, mais do que no tempo em que se multiplicaram o seu trigo e o seu vinho. Em paz também me deitarei e dormirei, porque só tu, Senhor, me fazes habitar em segurança.

Salmo 11

No Senhor confio; como dizeis, pois, à minha alma: Foge para a tua montanha como pássaro? Porque eis que os ímpios armam o arco, põem as flechas na corda, para com elas atirarem, às ocultas, aos retos de coração. Na verdade, que já os fundamentos se transtornam; que pode fazer o justo? O Senhor está no seu santo templo; o trono do Senhor está nos céus; os seus olhos estão atentos, e as suas pálpebras provam os filhos dos homens. O Senhor prova o justo, mas a sua alma aborrece o ímpio e o que ama a violência. Sobre os ímpios fará chover laços, fogo, enxofre e vento tempestuoso; eis a porção do seu copo. Porque o Senhor é justo e ama a justiça; o seu rosto está voltado para os retos.

Introdução

Creio que o povo brasileiro está bem familiarizado com a violência. A cada dia ela cresce de forma desenfreada. Por causa disso, encontrar pessoas tristes, apavoradas e temerosas com o que podem encontrar pela frente é cada vez mais comum. É praticamente impossível abrir um jornal e não encontrar notícias e imagens de violência. Da mesma forma, é muito difícil, em meu círculo de amizades, sentar para conversar e não se abordar a questão da violência, e bem sei de pessoas que têm sofrido por causa dela. Outras sofrem por causa de enfermidades, outras sofrem por causa de situações no trabalho ou em família. Muitas vezes vivemos situações assim e nos sentimos muito mal.

No capítulo anterior vimos que Davi ouviu seus amigos dizerem: "Não há salvação para ele!" Agora, no Salmo 4, lemos: "Ouve-me quando eu clamo, ó Deus da minha justiça; na angústia me deste largueza; tem misericórdia de mim e ouve a minha oração". Aqui vemos claramente que Davi estava muito angustiado. O interessante é que a palavra traduzida por "angústia" poderia ter sido traduzida por *aperto*. No nosso idioma também usamos a palavra "aperto" como sinônimo de angústia. Isso é visto quando se diz: "Estou com o coração apertado".

Quando Davi descreve sua angústia, a palavra é justamente essa. Como resultado disso, no versículo 6 ele diz: "Muitos dizem: Quem nos mostrará o bem?" No salmo anterior ele está vivendo uma experiência angustiante, e alguém diz: "Não há salvação para ele". Agora, os amigos que estão com Davi, de alguma maneira, compartilham de seu aperto e de sua angústia. Esses amigos perguntam: "Quem nos dará escape desta situação?" No Salmo 11, temos ainda os amigos aconselhando a Davi dizendo: "Ei, você está numa situação difícil e a melhor coisa que pode fazer é fugir daqui.Vá para as montanhas. Corra. Não perca seu tempo!"

Como você pode perceber, como se não bastasse os perigos à sua volta, os amigos de Davi ainda diziam:"Não há salvação. Quem nos dará escape de tal situação? Fuja daqui!" Muitas pessoas têm levado uma vida marcada por fugas, seja por ouvir tais conselhos, seja por ouvir os temores do próprio coração.Alguns fogem para o exterior, outros vão para o interior, outros fogem para uma clínica, outros fogem para as drogas, mas estas pessoas que passam por aflições têm algo em comum, pois dizem:"Aqui não há salvação.Vou fugir daqui!"

No caso de Davi, no Salmo 11, percebemos qual era a sua situação naquele momento, que acabava gerando estes sentimentos: "... eis que os ímpios armam o arco; põem as flechas na corda, para com elas atirarem, às ocultas, aos retos de coração" (v. 2). A situação é de fácil compreensão, mas bem complicada: há alguém do lado de fora de casa, escondido nas sombras, armado para matá-lo.Talvez nunca tenha acontecido isso na sua vida: de saber que há alguém do lado de fora querendo tirar a sua vida. Mas, a bem da verdade, vivemos em dias que você tem sempre de considerar que há alguém espreitando nas sombras, pronto a fazer tal coisa, se lhe surgir a oportunidade. No caso do salmista não é uma hipótese, mas um fato.

Como se isso não bastasse, lendo Salmos 11.3, vemos como Davi se sente impotente diante de tal situação:"Na verdade, que já os fundamentos se transtornam; que pode fazer o justo?" Essa é uma expressão de difícil compreensão, e o palpite de vários estudiosos é que esse salmo foi escrito no contexto da revolta de Absalão. Davi foi derrubado; não é mais o rei, pois seu filho deu um golpe de Estado. A ordem está destruída. Quem é a autoridade? Ele está dizendo:"Agora, olhe, cada um faça o que quiser. Os fundamentos estão destruídos". No caso dele era o equilíbrio político e social de sua nação. Ele está dizendo: "O que é que se pode fazer numa situação dessa? Os fundamentos foram destruídos e não há mais sustentação para nada. Quem fará justiça? Qual é a autoridade, onde está a Constituição?"

Na vida de algumas pessoas, os fundamentos destruídos podem ser a sua saúde. Por vezes encontro pessoas que, de forma tão repentina, têm a saúde abalada e, conseqüentemente, sua vida, porque o fundamento da boa saúde foi destruído.

Em outras circunstâncias, pessoas estão abaladas porque um dos cônjuges foi embora e isso era praticamente a vida da pessoa. E agora os fundamentos estão destruídos. Para algumas pessoas, o fundamento é o emprego, que tanto dava segurança e que vai embora trazendo a angústia, medos e incertezas.

A pergunta do versículo 3 também vale para nós: "Quando os fundamentos são destruídos, o que pode fazer o justo?" O que fazer numa circunstância dessas? Quando o próprio justo, que é considerado alguém amado por Deus, está sofrendo, o que ele pode fazer? Como vencer essa situação de aperto e de angústia?

O que eu gostaria de dizer é que quando Davi ouve seus amigos dando-lhe a opinião de sair voando, faz uma advertência, e é assim que começa o salmo quando diz: "No Senhor confio; como dizeis, pois, à minha alma: Foge para a tua montanha como pássaro?" Ele não nega que a situação é crítica, e sabe que há alguém lá fora querendo destruí-lo. Mesmo ouvindo aquele conselho tão razoável Davi diz: "Como? Se eu confio em Deus, como vou fugir? Afinal, confio ou não confio em Deus?" Para Davi, o razoável humano perde sua razoabilidade quando se inclui a confiança em Deus.

A confiança em Deus fazia a diferença na vida de Davi, conforme ele diz no versículo 1: "Se eu confio no Senhor? Como é que vocês me dizem isso?" Mas o que significa confiar em Deus?

A palavra "confiar" é empregada no Novo Testamento aproximadamente 50 vezes, e muitas pessoas discutem o que significa confiar. Alguns pensam que ela significa simplesmente concordar com uma possibilidade. Mas, quando olhamos para o Antigo Testamento, que usa uma gama diversa de palavras para descrever confiança, percebemos que confiar é muito mais do que concordar com uma afirmação. Não é simplesmente uma concordância intelectual. Confiança, conforme percebemos no Antigo Testamento, é mais do que avaliar a possibilidade de um avião voar; é subir no avião e voar. Conheço algumas pessoas que se tiverem a opção de não andar de avião, elas jamais andariam. Até acreditam na possibilidade de o avião voar, mas não confiam o bastante para fazer uma viagem de avião.

Assim, gostaria de apresentar as três principais palavras hebraicas empregadas para descrever confiança. Uma delas é a que está sendo empregada no Salmo 11: "No Senhor confio". A primeira palavra para descrever confiança, no Antigo Testamento, aparece traduzida por "colocar-se sob". Davi sabe que há alguém lá fora querendo matá-lo, e reage afirmando refugiar-se no Senhor — literalmente, refugiar-se sob, ou debaixo de.

Há uma série de situações na vida em que, de fato, precisamos buscar ao Senhor e nos abrigarmos debaixo da suas asas, como bem coloca o salmista: "... à sombra das tuas asas me abrigo, até que passem as calamidades" (Sl 57.1), e ainda "... debaixo das suas asas estarás seguro..." (Sl 91.4). O primeiro conceito de confiar é muito mais do que estar de acordo com algo; é "colocar-se debaixo de". E sejam as experiências que você tem no escritório, ou em qualquer outro lugar, você pode se colocar debaixo do Senhor. Não é confiar na ilusória segurança de um dispositivo, de um muro alto, ou mesmo de pessoas contratadas para protegê-lo; é colocar-se debaixo do cuidado e proteção de Deus.

Posso dizer objetivamente que não são poucas as vezes que, diante de circunstâncias vividas, tenho que chegar diante de Deus e dizer: "Senhor, estou aqui embaixo! Estou confiando no teu cuidado e na tua proteção! Estou me refugiando debaixo da tua mão!"

A segunda palavra, usada no hebraico para transmitir a idéia de confiança aparece em Salmos 37.5: "Entrega o teu caminho ao Senhor; confia nele, e ele tudo fará". A palavra "confiar", aqui, é a tradução do verbo "apoiar-se sobre", a mesma que no Salmo 11 aparece como "colocar-se sob". A idéia é de que existem circunstâncias da vida em que, de fato, precisamos de uma muleta ou algo que nos sustente. Há quem considere absurda a idéia de precisarmos nos apoiar em Deus, como se Ele fosse uma muleta. Mas não vejo nada de errado em muletas ou em bengalas, quando necessárias; afinal, existe uma série de circunstâncias na vida em que precisamos nos apoiar no Senhor. No contexto do Salmo 37, a expressão refere-se, figurativamente, a apoiar-se na revelação de Deus, na orientação de Deus, na Palavra de Deus, em vez de confiar no seu próprio discernimento. Portanto, procure apoiar-se no que Deus está falando para você! Obedeça!

A terceira palavra empregada para descrever confiança também se encontra em Salmos 37.5: "Entrega o teu caminho ao Senhor; confia nele, e ele tudo fará". Ela está traduzida aqui por "entregar", que significa "rolar sobre". Na maioria das vezes em que esse verbo aparece na língua hebraica, traz o significado de *revolver*, como no seu emprego no sentido de se rolar uma pedra. Agora, a orientação que Deus nos está dando é a seguinte: "Você não apenas pode colocar-se sob a proteção de Deus e buscá-lo com a certeza de que pode nEle apoiar-se, mas também estar certo de que Ele o conduzirá em segurança a águas tranqüilas. Portanto, confie plenamente no Senhor e descanse nEle.

Algumas vezes acho que fazemos com Deus o que uma certa senhora bem idosa, que trabalhava com venda de queijos, fazia. Ela vinha na sua estrada com duas sacolas de queijo para vender no mercado. Um homem passou com o seu cavalo e perguntou aonde ela ia. Ela disse que ia ao vilarejo. Então ele perguntou: "A senhora quer uma carona?" Ele a ajudou a montar no seu cavalo. De repente, ele olha para trás a fim de ver como estava, e para sua surpresa ele a viu segurando com as mãos as duas sacolas. Então ele disse: "Minha senhora, coloque as sacolas no lombo do animal!" Foi aí que ela respondeu: "As sacolas estão pesadas, e eu tenho pena do bichinho!"

Não adianta pensarmos que se segurarmos alguma coisa, estaremos dando menos trabalho para o Senhor. Você pode deixar em suas mãos todo o peso. Essa é a idéia nas palavras do salmista, quando ele diz: "Entrega o teu caminho ao Senhor". Ou seja, "Relaxe! Solte tudo o que você traz consigo e entregue a Ele. Sejam angústias, tristezas, preocupações. Não importa onde seja, em seu lar, no trabalho, ou em qualquer aspecto da sua vida.

Conversando com alguns amigos que moram em condomínios, um deles me perguntou: "Você não se sente inseguro onde mora, com toda essa violência que há em nossa cidade?" Eu disse: "Não! Mesmo com toda essa situação, não tenho medo! Tomo alguns cuidados, mas não tenho medo! Nosso Deus é um Deus que nos guarda não importa onde seja, ou sob quaisquer perigos".

Para tudo nesta vida precisamos de segurança. E com Deus não é diferente; a confiança nEle é fundamental. Mas a pergunta é: "Em que você confia?" Em nossos dias, muitos confiam nas armas, nos carros blindados, na sorte, nos muros altos ou nos seus bens — e alguns até mesmo em seu emprego.

Certa vez um amigo me descreveu sua situação no trabalho. Então eu lhe disse: "Acho que você vai ser demitido!" Ele respondeu: "Acho que não!" Eu insisti: "Acho que vai! Pode conversar com o seu chefe que você vai ser demitido!" Ele foi e conversou com o chefe. Depois de alguns dias, voltou e me disse: "Conversei com o meu chefe. Ele me disse que estou garantido". Eu estranhei, mas dias depois o chefe foi mandado embora e, conseqüentemente, ele também. Da mesma forma, há muitas pessoas confiando em empresas estáveis, com ações valorizadas, mas, de repente, despencam por uma razão ou outra.

Você vai confiar no seu emprego ou no chefe da empresa em que trabalha? Você confia em médicos famosos? Muitos confiam em políticos, achando que eles vão resolver todos os nossos problemas. Quanto a isso a Palavra de Deus nos diz: "Maldito o homem que confia no homem" (Jr 17.5). Em quem ou em que você confia? A questão básica não é quanto às circunstâncias, mas em que confio.

Na igreja onde pastoreio, encorajamos a todos a participar de um grupo pequeno que funciona nas casas. São grupos em que pessoas desenvolvem relacionamentos, trazem novos amigos e ali estudam juntos a Bíblia. Lembro-me que, em certa ocasião, ministrei um estudo bíblico num desses grupos. Foi colocada uma cadeira à parte, numa posição estratégica diante do grupo, onde deveria sentar-me. Então, olhei para aquela cadeira de plástico, fui até ela, apalpei e disse: "Não! Prefiro sentar em outro lugar". Lá sentou-se uma pessoa bem magra, e foi só ela sentar que a cadeira quebrou-se. Foi aquele tombo. Vocês não podem imaginar o quanto fiquei aliviado! Ainda que com dó do pobre rapaz. Se fosse eu, até hoje seria motivo de piada, por causa do meu peso, mas não confiei naquela cadeira. Ele, por sua vez, confiou, e caiu.

Quando falamos de confiança, não precisamos definir somente o que é confiança. Temos que definir o objeto da nossa confiança, ou seja, em que ou em quem confiamos. Aquilo ou aquela pessoa em quem estou pondo minha confiança é de fato confiável? Confiar significa *apoiar-se sobre*, *colocar-se sob* e *rolar sobre*.

Agora, Davi diz no versículo 4: "O Senhor está no seu santo templo". Mas o que ele estava querendo dizer com isso? Creio que em primeiro lugar ele vê a Deus habitando no Templo. Em segundo lugar, creio que percebe a ação sacerdotal daqueles homens que serviam no Templo, que tinham basicamente a responsabilidade de interceder por seu povo diante de Deus. Diante de tal analogia, podemos inferir também o posterior sacerdócio de Cristo como nosso Sumo Sacerdote. Através das Escrituras, sabemos que Ele vive para interceder por nós e pode salvar aqueles que se achegam a Deus, vivendo sempre para interceder por eles!

Davi não só confia que sua causa está diante de Deus, mas também diz: "... o trono do Senhor está nos céus". A expressão hebraica para descrever alguém reinando é alguém sentado no trono. Assim, apesar de tudo aquilo que estava acontecendo, Deus estava sentado no trono e ninguém poderia tirá-lo de lá.

Além de não existir alguém que possa tirá-lo do trono, ninguém pode ser contra a sua vontade soberana. Foi o profeta Daniel quem disse: "... a sabedoria e o poder a Ele pertencem. Ele muda as épocas e as estações; destrona reis e os estabelece" (Dn 2.20,21, NVI). Se entendo que Deus é soberano, que nada do que nos acontece foge do seu domínio, posso descansar nEle, posso me colocar sob, posso me apoiar sobre, posso rolar sobre o Senhor!

Em muitas ocasiões experimento aquilo que não aprecio, e que traz prejuízo. Nessas horas tenho que ir a Deus e dizer: "O Senhor é soberano. O Senhor permitiu isto, louvado seja o Senhor!" Quem já criou filhos conhece muito bem aquela história de colocar seu filho na cama para dormir. Ele vira para você e diz: "Quero água! Conta uma história! Quero fazer xixi! Quero mais água! Deixe a luz acesa!" Lembro-me de certa ocasião em que minha filha, ainda bem pequena, disse: "Deixa a luz acesa!" Perguntei o motivo e ela me respondeu: "Tenho medo de ser seqüestrada!" Então falei: "Querida, não tem perigo! Ladrão não é tão bobo assim, não temos nada que eles possam querer. Saiba que onde você está, embora a luz esteja apagada, estarei numa posição em que estarei sempre te vendo. Você pode até não me ver, mas eu vejo você! Entendeu?" Para minha alegria, percebi que ela havia entendido.

Creio que é isso a que o salmista está se referindo quando nos diz: "Seus olhos observam". A idéia dessa afirmação é que nada foge da visão de Deus! Não corro o risco de ter que chegar para Deus e falar: "O Senhor está sabendo? Viu as manchetes de hoje? Acessou a Internet?" Deus sabe! Davi está dizendo: "Eu sei que Deus está me vendo! Não estou fora do foco dos olhos de Deus. Ele está me vendo! E se está me vendo, estou me colocando sob, estou me apoiando sobre, estou rolando sobre, portanto, não vou fugir".

Há uma quarta expressão que o salmista emprega aqui que mostra exatamente a confiabilidade do nosso Deus. Ainda no versículo 4, ele diz: "... as suas pálpebras provam os filhos dos homens..." Essa tradução tira um pouco da beleza que a língua hebraica traz, que algumas traduções mais antigas traduzem por "pálpebras". A palavra hebraica tem a ver com pálpebras. Algumas vezes também traduz como *olho*, e os sinais feitos com os olhos.

Os olhos ou as pálpebras são instrumentos fantásticos de comunicação. Você pode saudar uma pessoa simplesmente com uma piscada! Você pode talvez levantar a pálpebra de um dos olhos somente e comunicar que alguma coisa é interessante. Em certos jogos de mesa os sinais com os olhos são fundamentais. Assim no versículo 4 lemos: "... as suas pálpebras provam os filhos dos homens..." A idéia que me vem à mente, quando olho para isso, é que Davi está descrevendo Deus tirando do foco as demais coisas, dando uma leve fechada nos olhos para se concentrar em alguma coisa, para examinar, para se ater com mais detalhes numa determinada coisa. Assim, Davi está dizendo: "Escutem, eu tenho um Deus, e Ele está me sondando, está me examinando atenta e cuidadosamente". A palavra que foi traduzida por "examinam" na Nova Versão Internacional é o verbo "provam". No versículo 5, ele diz: "O Senhor prova os justos". É a mesma palavra: examinar ou provar era a mesma palavra utilizada para descrever a idéia de depuração de metais.

Segundo as palavras do salmista, ele está certo de que tudo o que está acontecendo faz parte de um processo cuidadoso de Deus, e que envolve a sua purificação, o seu aperfeiçoamento, ou ainda a sua condução ao estágio onde Deus o quer. Ele está certo de que tem um Deus que conhece a sua causa, que o está vendo continuamente, que tem todo o domínio e está assentado em seu trono. Ele é tão cuidadoso, que faz distinção entre um e outro, e o coloca sob o tratamento necessário para que Davi seja aquilo que Deus quer que ele seja.

Esse Deus abre para nós uma perspectiva e uma esperança para um tipo especial de pessoa. No capítulo 5, o salmista nos diz que o Senhor prova o justo. Igualmente, em Salmos 4.3, também temos: "Sabei, pois, que o Senhor separou para si aquele que lhe é querido; o Senhor ouvirá quando eu clamar a ele". Deus considera com mais cuidado aquele que o ama fielmente. Em Salmos 4.5 ele diz: "Oferecei sacrifícios de justiça e confiai no Senhor". Há uma exortação a que cumpramos aquilo que Deus exige de nós: uma vida marcada por obediência.

Em Salmos 11.7 diz: "Porque o Senhor é justo e ama a justiça; o seu rosto está voltado para os retos". Então, há esperança para quem está com o seu coração reto, para quem vive em conformidade com a orientação de Deus.

Mas o texto também nos diz que o Senhor está ouvindo o justo? Que justo é esse? Aquele justo que ama a Deus fielmente, que está levando sua vida pautada pela orientação de Deus! Ele não está dizendo que Deus está atendendo a todas as orações de todos os seus filhos! Ele está dizendo que seus filhos que estão em obediência, em comunhão com Ele, vão pedir aquilo que está em coerência com o coração dEle, e Deus vai atender.

Quem é que pode desfrutar do que Ele está propondo? Somente quem está vivendo em consonância, em sintonia, em harmonia com Deus. Mas o que pode esperar um justo, que o ama fielmente, que é piedoso, um reto! A resposta é que "o Senhor o ouve".

Se você tem colocando diante de Deus seus conflitos e problemas, Deus está lhe dizendo: "Eu escuto". Mas não somente Ele ouve, como também diz: "Eu ponho à prova o meu povo".

Certa ocasião, fui visitar uma igreja e fiquei ali apenas poucos minutos. Foram apresentados os pedidos de oração por tudo aquilo que havia acontecido na vida daquelas pessoas. Fiquei assustado ao ver a quantidade de pessoas com enfermidade, e outros tantos acidentados durante aquela semana. Eu falei: "Meu Deus! Quanta coisa ruim!" Precisamos ter a consciência de que Deus usa as circunstâncias para nos depurar e nos aperfeiçoar. É através delas que a nossa concentração, nosso foco, nossa intercessão e nossa fé se desenvolve.

Quando eu era solteiro, ouvi um amigo dizendo: "Ah, depois que você se torna um pai, a sua fé sobe um degrau". Aquilo não me fazia sentido! Mas é só você estar com o seu filho em casa e, de repente, perceber que ele está com aquela febre alta, e você fala: "Meu Deus! O que faço?" Quando o filho cresce um pouco e se torna um adolescente, aí você sobe uns vinte degraus com as preocupações que geram.

Cada momento da nossa vida é uma oportunidade de desenvolvimento da nossa fé. Eu e minha esposa estamos passando por isso agora. Pela primeira vez, estamos vivendo a experiência de ter dois filhos estudando em outras cidades. Um em São José do Rio Preto, uma cidade relativamente tranqüila, e o outro em São Paulo, uma cidade que tem mais riscos. Porém as experiências que Deus permite que passemos nos concedem a oportunidade de aperfeiçoamento. Cria-se um relacionamento mais estreito entre aquele que é absolutamente confiável, aquele sob quem posso me colocar, me apoiar e rolar o meu corpo. Sei que nada foge dos seus olhos e que nada foge da sua autoridade, nada foge do propósito que Ele tem para mim, nada foge do seu conhecimento.

É interessante observar que, apesar de estar passando por maus momentos, com o coração apertado, ele faz uma declaração impressionante: "Puseste alegria no meu coração, mais do que no tempo em que se multiplicaram o seu trigo e o seu vinho" (Sl 4.7). Davi está dizendo que você pode viver essa situação que aperta o coração, que é, de fato, uma ameaça para ele, mas é o seu Senhor quem transforma o aperto de seu coração e a sua angústia em alegria.

Também podemos viver todas essas experiências e, no contexto delas, provar da alegria que vem de Deus, e de mais nada. Não é do programa da TV, não é do *show* ao qual você vai, mas é uma alegria como resultado da comunhão, da ciência de que Deus o ama e está cuidando de você.

Apesar da situação ser angustiante, ele está com o coração alegre. Você pode esperar mais do que isso. No versículo 8 ele diz: "Em paz me deito e logo adormeço" (Sl 4.11, NVI). Davi está dizendo: "Eu não perco o sono. Eu sei que a situação é de risco, mas não perco o sono".

Minha esposa já percebeu que não posso ouvir certas notícias antes de dormir, porque senão o sono desaparece. Terei que passar por um processo de disciplina, buscando o Senhor dizendo: "Senhor, tira de mim essa preocupação". Muitas vezes, demoro algum tempo, mas quando me conscientizo de quem é o meu Deus, da sua soberania, do seu cuidado amoroso, do seu saber completo, do fato de Ele estar me observando, vou dormir seguro.

O Salmo 11 termina com a seguinte declaração: "Porque o Senhor é justo... o seu rosto está voltado para os retos". A idéia, usando uma linguagem tão comum nos nossos dias, é a seguinte: Deus irá se manifestar na sua vida. Ele não vai ficar escondido, por mais angustiante que seja a situação — seja por causa de enfermidade, ou de violência, ou de problemas em casa ou no trabalho, etc. Os retos que estão seguindo sua orientação verão a sua face. Há um Deus que sabe tudo o que está acontecendo, que tudo pode diante do que está acontecendo, que se interessa por você e tem cuidado de você. Portanto, procure apoiar-se sobre Ele! Refugie-se nEle! Prove de Deus, da alegria e da segurança que vêm dEle.

Isso não significa que as coisas acontecem num estalar de dedos. Deus tem o tamanho da experiência que precisamos ter, e o tipo de experiência que temos de ter. Quando vivemos toda a experiência dessa vida com perseverança, precisamos também confiar em Deus. Com o tempo, você vai olhar para trás e vai reconhecer como foi bom.

De certa forma, vivendo algumas experiências angustiantes na minha vida, quando ainda no contexto da experiência, eu jamais as apreciei. Se eu pudesse, diria: "Eu não quero viver isso". Mas podendo parar, olhar para trás, ver a experiência e a mão de Deus, falo: "Não sou o mesmo após aquela experiência, e sou grato". A resposta para um coração angustiado vem de um coração de um Deus cuidadoso, amoroso, soberano, sabedor de todas as coisas e que quer, de fato, manifestar-se na sua vida, levando você a desfrutar do processo que Ele tem para fazer de você o que Ele quer fazer. É Ele quem quer dar uma alegria incomparável, conforme fala, e uma segurança incomparável.

Vamos orar:

Pai celeste, quero agradecer pela oportunidade de estar olhando para a tua Palavra e ver como, de maneira tão prática, Davi viveu a sua fé aplicando as situações do seu dia-a-dia, as suas angústia e o seu aperto de coração. Que esta palavra possa ser referência para cada um, que possa ser um guia que nos mostra como devemos viver e superar essas tristezas, preocupações e angústias. Eu oro em nome de Jesus. Amém.

Capítulo 5

Sobrevivendo à Pressão e ao Estresse

Salmos 5 e 13

Salmo 5

Dá ouvidos às minhas palavras, ó Senhor; atende à minha meditação. Atende à voz do meu clamor, Rei meu e Deus meu, pois a ti orarei. Pela manhã, ouvirás a minha voz, ó Senhor; pela manhã, me apresentarei a ti, e vigiarei. Porque tu não és um Deus que tenha prazer na iniqüidade, nem contigo habitará o mal. Os loucos não pararão à tua vista; aborreces a todos os que praticam a maldade. Destruirás aqueles que proferem a mentira; o Senhor aborrecerá o homem sanguinário e fraudulento. Mas eu entrarei em tua casa pela grandeza da tua benignidade; e em teu temor me inclinarei para o teu santo templo. Senhor, guiame na tua justiça, por causa dos meus inimigos; aplana diante de mim o teu caminho. Porque não há retidão na boca deles; o seu íntimo são verdadeiras maldades; a sua garganta é um sepulcro aberto; lisonjeiam com a sua língua. Declara-os culpados, ó Deus; caiam por seus próprios conselhos; lança-os fora por causa da multidão de suas transgressões, pois se revoltaram contra ti. Mas alegrem-se todos os que confiam em ti; exultem eternamente, porquanto tu os defendes; e em ti se gloriem os que amam o teu nome. Pois tu, Senhor, abençoarás ao justo; circundá-lo-ás da tua benevolência como de um escudo.

Salmo 13

Até quando te esquecerás de mim, Senhor? Para sempre? Até quando esconderás de mim o teu rosto? Até quando consultarei com a minha alma, tendo tristeza no meu coração cada dia? Até quando se exaltará sobre mim o meu inimigo? Atenta em mim, ouve-me, ó Senhor, meu Deus; alumia os meus olhos para que eu não adormeça na morte; para que o meu inimigo não diga: Prevaleci contra ele; e os meus adversários se não alegrem, vindo eu a vacilar. Mas eu confio na tua benignidade; na tua salvação, meu coração se alegrará. Cantarei ao Senhor, porquanto me tem feito muito bem.

É comum termos uma imagem bastante clara de Davi, tomando como base alguns de seus feitos. Quando consideramos seus sucessos militares, é fácil perceber que ele era um guerreiro, um homem vitorioso. Por outro lado, é muito fácil deixarmos passar certos aspectos de sua personalidade e da realidade que vivia, que não entendemos como aquilo pode estar relacionado com alguém que veio de um ambiente militar. Por exemplo, em Salmos 5.1 lemos: "Dá ouvidos às minhas palavras, ó Senhor; atende à minha meditação". Apesar do homem forte e vitorioso que era, Davi experimentou momentos de angústia e medo.

Também em Salmos 5.2 verificamos o seu grito de socorro: "Atende à voz do meu clamor". Mesmo sendo um militar destemido, ele vê-se diante de tal situação de angústia que só lhe resta clamar a Deus por socorro.

Nesses salmos percebemos Davi numa situação quase desesperadora. E quando olhamos em especial para o Salmo 13, percebemos mais um componente que fazia parte da sua vida — por quatro vezes ele diz nos dois primeiros versículos do Salmo 13: "Até quando, Senhor? Até quando?" Davi estava vivendo uma experiência de angústias, de estresse e, por isso, clamava a Deus: "Até quando?"

A verdade é que, muitas vezes, vivemos momentos de angústia e tensão e temos a impressão de que não vamos suportar. O duro é que quando vivemos tais experiências, o tempo parece muito mais longo do que realmente é.

Certa ocasião, viajando num pequeno avião, eu e o piloto enfrentamos um mau tempo. Não estava chovendo, e o dia estava bonito. Mas o avião balançava tanto que o próprio piloto me disse: "Está parecendo um mar, não é?" Eu não podia nem responder a ele, tal era a minha ânsia de vômito. Confesso que não me dou bem com essas situações, mas para não dar um vexame e sujar o painel daquele avião, decidi, naquele momento, travar a minha boca a todo custo. Eu podia morrer, mas ao menos tentaria manter-me firme até o fim. Quando aquela turbulência teve início e comecei a passar mal, a primeira coisa que fiz, além de travar a boca, foi olhar no relógio, para ver as horas, e passei a conferi-lo constantemente. E apesar de parecer que aquele sofrimento durasse duas horas, ao que meu relógio marcava, não durou mais que cinco minutos.

Quando nos encontramos em tais circunstâncias, parece que o tempo não passa; é como se os minutos se estendessem infinitamente! Talvez fosse esta a mesma sensação de Davi naquele momento, ao clamar: "Até quando Senhor?" E parece também que só percebemos isso quando vivemos esse tipo de problema. Provavelmente muitas pessoas passam mal em avião, mas só percebi aquilo quando vivi aquela experiência. Por motivos diferentes, dizemos como Davi: "Dá ouvidos às minhas palavras, ó Senhor; atende à minha meditação. Atende à voz do meu clamor, Rei meu e Deus meu". E, não muito diferente do salmista, também questionamos a Deus: "Até quando?" Como se disséssemos: "Não estou agüentando mais".

Olhando para o coração de Davi no Salmo 13, percebemos o que o preocupava. No primeiro versículo ele diz: "Até quando te esquecerás de mim, Senhor?" Em primeiro lugar, Davi considerava-se abandonado ou esquecido por Deus.

Ainda no primeiro versículo ele diz: "Até quando esconderás de mim o teu rosto?" No contexto hebraico, mostrar o rosto significa deixar evidente a sua presença em determinado lugar ou acontecimento. Estar diante de alguém é estar diante da face de alguém. De alguma maneira, Davi está dizendo: "Quando o Senhor vai se manifestar? Estou esperando que o Senhor faça alguma coisa! Será que o Senhor se esqueceu de mim?"

No segundo versículo, ele continua lamentando: "Até quando consultarei com a minha alma, tendo tristeza no meu coração cada dia?" A idéia de inquietações, nas palavras do salmista, é que em sua mente um incessante fluxo de pensamentos o angustiava. Quando somos pressionados por causa de uma experiência ruim, os pensamentos ecoam em nossa mente a todo momento. Você se deita na cama e aqueles pensamentos vêm, você quer dormir e o sono lhe foge. O seu pensamento não pára. Então Davi está dizendo: "O Senhor esqueceu de mim? O Senhor não se manifesta ao teu servo? Senhor, meu coração está angustiado, e não suporto mais esta situação! Até quando esse sofrimento irá me atormentar?" Por fim ele diz: "Até quando meu inimigo triunfará sobre mim?" Isso seria o mesmo que dizer: "Senhor, aqueles que são praticantes de injustiças e que estão se voltando contra mim estão levando vantagem".

Nos primeiros versículos do Salmo 13, percebemos que eram três as fontes da tensão que Davi enfrentava. A primeira era do ambiente externo em que estava vivendo. Conforme lemos, Davi está com receio de que seus inimigos triunfem sobre ele: "Atenta em mim, ouve-me, ó Senhor... para que o meu inimigo não diga: Prevaleci contra ele; e os meus adversários se não alegrem, vindo eu a vacilar" (vv. 3,4). Ele tem, de fato, muitos inimigos, pessoas à sua volta que intentam contra ele.

Em Salmos 5.5 percebemos a ação desses inimigos: "Os loucos não pararão à tua vista; aborreces a todos os que praticam a maldade". Há pessoas em volta de Davi que estão contando mentiras a seu respeito, traindo e ameaçando. Esses são os inimigos de Davi. Não raro, temos notícias de pessoas que enfrentam situações de traição e mentiras no ambiente de trabalho, ou mesmo em família. E quantos de nós já não experimentamos pessoalmente tais situações. Sendo assim, você pode imaginar como Davi se sentia naquele momento.

Uma das fontes de estresse é justamente a postura de certas pessoas à nossa volta. E como viver em sociedade é algo de que não podemos nos abster, seja nas grandes cidades seja no interior, de alguma forma e em maior ou menor proporção, teremos sempre pessoas à nossa volta. Mas não é exatamente isso o que estressa; o que angustia o salmista são os inimigos que se ocultam à sua volta. Ainda no versículo 5, ele descreve algumas características de seus inimigos: "Os arrogantes não são aceitos na tua presença" (NVI). E no versículo 9 ele prossegue: "Porque não há retidão na boca deles; o seu íntimo são verdadeiras maldades; a sua garganta é um sepulcro aberto; lisonjeiam com a sua língua".

A segunda fonte de tensão de Davi, e que também o leva a ficar fatigado, é a percepção que tem do que está acontecendo à sua volta. Não tenha dúvidas de que uma série de coisas ruins está nos acontecendo e uma série de situações que fogem ao nosso controle nos ameaçam a cada instante. Se não temos consciência de tais ameaças, aparentemente estaremos tranqüilos. Porém, à medida que tomamos conhecimento das intenções daqueles que intentam contra nós, podemos, de fato, nos tornar angustiados.

Por exemplo, podemos não perceber a quantidade e variedade de bactérias que estão ao nosso redor ou mesmo no nosso organismo. Todavia, basta uma queda da resistência e elas podem comprometer a nossa saúde e até mesmo a nossa vida. Muitas vezes visito amigos que estão acamados. A razão da enfermidade, muitas vezes, não é outra senão uma baixa resistência e a ação de bactérias no organismo. Mas se tomarmos consciência de todas as bactérias que estão à nossa volta, não dormiremos mais. Posso ter fatores ameaçadores à minha volta, mas a maneira como lido com esta informação pode ou não afetar o meu emocional. E a melhor maneira é entregar nossa vida nas mãos de Deus, que tanto nos pode guardar de um inimigo ameaçador que intenta contra a nossa vida, ou mesmo de uma microscópica bactéria.

A terceira fonte de tensão é a falta de ciência da intervenção de Deus. Às vezes percebemos a ação dos nossos inimigos, mas se percebemos Deus em toda a sua soberania, poder e justiça, isso por si só atua como um antídoto. Muitas vezes somos tentados a tomar alguma atitude por conta própria contra aqueles que nos ameaçam; assim como os discípulos, que queriam pedir fogo do céu para destruir os samaritanos. Porém, como nos diz o apóstolo Paulo, cabe apenas ao Senhor agir contra aqueles que intentam contra nós: "Não vos vingueis a vós mesmos, amados, mas dai lugar à ira, porque está escrito: Minha é a vingança; eu recompensarei, diz o Senhor" (Rm 12.19).

Davi experimentava esta tensão constantemente, e assim perguntava: "Até quando Senhor? Até quando?" Nos capítulos anteriores vimos que ele sempre enfrentava situações difíceis, porém, mesmo já tendo passado por situações complicadas e tendo aprendido certas lições sobre o viver em meio às dificuldades, Deus ainda tinha algumas lições a ensinar ao salmista acerca de como superar as adversidades.

A vida humana e seus relacionamentos não podem ser comparados a uma lagoa cujo nível é sempre o mesmo. A vida é melhor comparada com o mar, que tem suas marés altas e baixas. As marés altas ameaçam levar-nos a sucumbir, ou dificultar a direção da vida que se quer. Por outro lado, as marés baixas também oferecem seus riscos. Talvez algumas pedras que na maré alta estivessem escondidas, não oferecendo perigo algum, agora podem provocar danos ao barco, ameaçando inclusive levá-lo a pique. Assim como aconteceu com Davi, cada experiência da vida é uma nova lição. E cada salmo reflete justamente isso: ele revive experiências que já viveu anteriormente, apenas sob algumas peculiaridades, e com condições emocionais diferentes.

Mas de uma coisa podemos ter certeza: quando olhamos para a nossa vida e também para o que já vivemos, aprendemos que as pressões da vida se renovam contínua e interminavelmente. Elas não acabam nunca. Não adianta você esperar alcançar o estágio de vida, aqui nesta terra, em que não terá mais problemas de qualquer espécie. A nossa vida sempre será marcada por alguns percalços e dificuldades. Mas essas experiências têm para nós alguns valores a nos ensinar. É verdade que quando vivemos essas pressões e tensões, se não as processarmos adequadamente, por uma questão de estresse ou fadiga, elas podem acabar levando a alguma enfermidade.

Talvez você já tenha passado pela experiência de correr na praia. Nasci em cidade litorânea, e praia significa lazer agradável para mim. Algumas vezes, fiz minhas corridas na praia, mas os profissionais da área de saúde dizem objetivamente para não correr descalço na areia, pois isto sujeita os ossos a fortes tensões, podendo até produzir fraturas por estresse. Assim, viver as pressões e tensões da vida é oportunidade de adquirir maior resistência para enfrentar as mesmas situações no futuro. Esse é o principal valor dessas experiências difíceis, que tantas vezes nos levam a clamar a Deus: "Senhor, até quando?" Estas são as oportunidades que Deus utiliza para nos aperfeiçoar e nos levar a amadurecer espiritualmente.

Mesmo sabendo que as aflições nos aperfeiçoam e contribuem para vivermos melhor, não recebemos muito bem quando Deus as administra em nossa vida. Certa vez eu estava observando uma criança brincando perto do balanço; ela estava chorando. Talvez o balanço não estivesse girando na direção desejada. Essa era a sua tensão. Da mesma forma que aquela criança chorava por causa do balanço, às vezes fazemos o mesmo por causa do salário, do ambiente de trabalho ou mesmo por causa de dívidas. Temos nossas razões de fazer isso. Mas como podemos viver em circunstâncias que nos contrariam totalmente? Sabemos que cada fase da vida tem suas tensões próprias. Assim, como podemos passar por essas experiências de forma vitoriosa? Como a marca de nossa vida é uma marca de constantes tensões e pressões que nos oferecem a oportunidade de desenvolvimento, gostaria de apresentar os passos necessários para se transformar tensões em oportunidades a serem aproveitadas ao máximo.

O primeiro passo que devemos dar é apresentar a Deus a nossa causa. Em Salmos 5.1 Davi diz: "Dá ouvidos às minhas palavras, ó Senhor; atende à minha meditação". Em Salmos 13.3 também lemos: "Atenta em mim, ouve-me, ó Senhor, meu Deus..." A primeira coisa que percebemos é que Davi está buscando a Deus e colocando sua causa diante dEle. Você pode estar se perguntando: "Mas Deus não sabe? Ele precisa ser informado?" Evidentemente que Ele sabe! Mas essas são as oportunidades que Ele nos oferece para que aprendamos a buscá-lo e a permanecermos na sua presença.

O humorista americano Ray Romano disse certa vez: "Uma dorzinha no peito tem o poder fantástico de aumentar a nossa fé". O que ele quer dizer com tal afirmação é o seguinte: "Basta nos sentirmos mal que procuramos a igreja; procuramos fazer a coisa certa". E isso é verdade. Muitas dessas experiências nos proporcionam a oportunidade de pararmos um momento e atinarmos sobre o que Deus quer de nós, e isso deve ser marcado por uma entrega total e irrestrita ao seu senhorio em nossas vidas.

A chave deste processo, como nos diz Tiago 4.2, é "... nada tendes porque não pedis". Em João 16.24, o Senhor Jesus diz:

"Até agora, nada pedistes em meu nome; pedi e recebereis, para que a vossa alegria se cumpra". Portanto, esta é a orientação que temos, se desejamos de Deus a sua providência quanto às adversidades que enfrentamos, ou seja, apresentá-las a Ele em oração, como fazia o salmista. É o que ele nos está dizendo em Salmos 5.3:"Pela manhã, ouvirás a minha voz, ó Senhor..." Entendo que Deus tem vários propósitos com a oração, e uma delas é para que estejamos em comunhão com Ele. Portanto, precisamos aprender com tais situações, apresentando a Deus as nossas petições acerca das tensões e pressões do dia-a-dia. Esse foi o primeiro passo de Davi, e acho no mínimo sugestivo o fato de o salmista apresentar-se a Deus pela manhã, pois isso era prioritário para ele.

É tão fácil nos deixarmos levar pela rotina dos afazeres diários e acabar deixando de lado a nossa comunhão com Deus, quando não abrimos espaço em nossa agenda diária para buscarmos ao Senhor em oração — ainda que por breves instantes. É tão fácil entrar no ritmo estressante de um dia de trabalho e perceber que você não tem mais tempo para abrir a Bíblia. Davi buscava ao Senhor pela manhã, e apresentava a Ele suas petições. Esse era o primeiro passo para resolver sua tensão.

O segundo passo que precisa ser dado é pedir a Deus sabedoria. Davi buscava a Deus não apenas pedindo o livramento, mas também a sabedoria. Em Salmos 13.3 ele diz:"Atenta em mim, ouve-me, ó Senhor, meu Deus; alumia os meus olhos para que eu não adormeça na morte". Ele está dizendo o seguinte:"Senhor, capacita-me a enxergar o que precisa ser enxergado!" Ele não pede somente o livramento, mas também que Deus o faça ver — ou compreender — aquilo que ele está vivendo, e a bênção que de tal situação há de vir.

O fundador da União Médica Hospitalar Evangélica, uma associação evangélica com médicos do mundo inteiro, disse o seguinte: "Por vezes, Deus nos proporciona uma enfermidade para que fiquemos deitados num leito, olhando para cima, pois assim enxergamos aquilo que não enxergaríamos de outra maneira". E assim eu diria que são várias as experiências de vida que Deus permite que passemos, justamente para que tenhamos a oportunidade de ver o que antes não víamos. Ter os olhos iluminados é uma figura de linguagem que se refere a ter sabedoria; poder enxergar além dos limites que enxergamos, ou seja, uma visão não limitada pelas adversidades, mas segundo a perspectiva divina.

No entanto, constantemente nos perguntamos: "Essa experiência de sofrimento que estou vivendo serve-me para quê? Por que o Senhor está me deixando passar por isso? Qual é o seu propósito?" Se entendo por que Deus está me deixando passar pelo que estou passando, tal conhecimento não apenas é um alívio, como também uma responsabilidade, pois me leva a ser um colaborador naquilo que Deus está fazendo na minha vida. Por que Deus está deixando você viver a experiência de enfermidade que está vivendo? Por que Deus está permitindo que você vivencie as experiências desagradáveis de um período de desemprego ou de problemas no ambiente de trabalho? Por que Deus permitiria que você enfrente problemas familiares, seja com seus filhos seja com seu cônjuge? Alcançar esta compreensão traz consigo metade da solução do problema, pois a sua perspectiva muda de foco, do problema para a solução — ou seja, para Deus.

Uma história que tem circulado na Internet mostra uma pessoa que vê uma borboleta saindo do casulo. O observador percebe toda aquela dificuldade e resolve, com um toque cirúrgico, facilitar a saída para a borboleta ter mais liberdade. Só depois ele descobre que aquele exercício difícil de a borboleta sair do casulo era fundamental para o desenvolvimento de suas asas, e a facilidade que ela teve de sair impossibilitou-a de desenvolver a capacidade de voar. Da mesma forma, se enfrentamos adversidades e pressões estressantes, a pergunta que devemos fazer é: "O que posso ver nisso? Como posso ver essa situação como Deus a vê?" Deus tem uma visão global da situação e devemos pedir a Ele sabedoria.

O terceiro passo de Davi no sentido de transformar estresse em vitória é confiar no amor de Deus. Em Salmos 13.5 ele diz: "Eu, porém, confio em teu amor" (NVI). Algo semelhante ao que lemos em Salmos 5.7: "Mas eu entrarei em tua casa pela grandeza da tua benignidade..." A palavra traduzida por "amor" é a mesma, e aqui se refere ao amor firmado por Deus num pacto com seu povo.

Segundo nos diz o profeta Jeremias, o amor de Deus se revela no cumprimento da sua Palavra, pois ainda que o abandonemos, Ele a si mesmo não se pode negar: "Se um homem despedir sua mulher, e ela se ausentar dele e se juntar a outro homem, porventura, tornará a ela mais?... Ora, tu te maculaste com muitos amantes; mas, ainda assim, torna para mim, diz o Senhor" (Jr 3.1). Em Isaías 49.15 também lemos acerca do amor de Deus: "Pode uma mulher esquecer-se tanto do filho que cria, que se não compadeça dele, do filho do seu ventre? Mas, ainda que esta se esquecesse, eu, todavia, me não esquecerei de ti".

Portanto, como nos é dito por meio dos profetas por Deus inspirados, o Senhor nos ama não segundo a mesma medida com que o amamos, tampouco segundo medida humana. Seja o amor de um homem por uma mulher, ou mesmo o amor de uma mãe por seu filho, nenhum amor segundo o coração do homem compara-se ao amor de Deus.

Porém, o amor dos pais não significa necessariamente privá-los de passar por experiências difíceis. Toda e qualquer experiência traz consigo a oportunidade de, através delas, crescermos, seja na formação do caráter de uma criança ou na estruturação da nossa fé. Quando crianças, muitas vezes os nossos filhos não gostam de fazer o que lhes pedimos, mesmo sendo algo que seja para o seu bem. Tal relutância começa com coisas aparentemente insignificantes, como por exemplo comer legumes, cortar o cabelo, ou o horário em que devem dormir. Há uma série de coisas que eles não gostam, mas que precisamos ensiná-los a fazer.

Certa vez meu filho levou um tombo e ralou o corpo em várias partes e, por ordem médica, tinha que tomar banho cinco vezes ao dia e, em seguida, colocar uma pomada em seus ferimentos. No próximo banho, esta pomada precisaria ser removida. A dor que ele sentia era intensa. Por duas ou três vezes ele quase desmaiou de tanta dor. Seria isso uma crueldade nossa como seus pais? Não! Aquilo era feito por amor! O nosso desejo era que ele não passasse por tal situação, mas aquela experiência dolorosa era fundamental para a sua saúde.

Da mesma forma, se temos a consciência de que Deus nos ama, podemos dizer o que Davi diz em Salmos 13.5: "Mas eu confio na tua benignidade; na tua salvação, meu coração se alegrará". Muitas vezes temos que ouvir isso novamente. Esse Deus que me ama está permitindo que eu viva essa experiência. Porém, as palavras do salmista revelam sua posição diante de tais adversidades: "Senhor, estou confiante na tua providência". Davi era constantemente confrontado por situações de estresse e pressão, como qualquer um de nós em tempos de desemprego, inflação e violência. No entanto, ele apresentava a Deus a sua causa, pedindo por sabedoria e confiante na providência divina.

O quarto passo que Davi dá para tirar proveito das tensões é manter-se dentro do plano de Deus. Qual é a vontade dEle quando você vive experiências que o contrariam? Se o seu colega de trabalho o tratou de maneira inadequada, o que você fica pensando em fazer com ele? Você lê nos jornais e mais uma vez constata quão corrupto é o governo, ou que a violência aumenta cada vez mais. Naturalmente, a nossa reação é de indignação e desejamos fazer algo a respeito.

Em Salmos 5.7, percebemos que não é muito diferente a reação de Davi. Ele se indigna com seus inimigos, e não aceita aquela situação. Porém, a sua atitude em relação à situação é que faz toda a diferença: "Mas eu entrarei em tua casa pela grandeza da tua benignidade; e em teu temor me inclinarei para o teu santo templo". Em vez de se deixar levar pelo sentimento de vingança, Davi busca em Deus a solução para o seu problema. A idéia contida nas palavras do salmista é a de total submissão à vontade de Deus. Ele acrescenta no versículo 8: "Senhor, guia-me na tua justiça, por causa dos meus inimigos; aplana diante de mim o teu caminho". Davi pede que o Senhor o conduza na sua justiça. Ele não busca vingança, pois sabe que apesar da adversidade, o Senhor é o seu Justo Juiz e quem por ele intercederá. A palavra "justiça", aqui, não se refere a julgamento, mas a *conduzir-se integramente*. Quando enfrentamos situações que parecem nos tentar a uma reação explosiva, podemos considerar o caminho da retaliação, vingança, ou qualquer outra ação incompatível com a vontade de Deus, mas o salmista diz: "Senhor, quero pedir para que o Senhor aplaine o caminho e facilite para que eu continue andando na tua vontade".

Certa vez, uma pessoa que precisava de ajuda me procurou e expôs o problema por que passava. Pude perceber que grande parte da situação que ele vivia, com o conseqüente enfraquecimento de sua fé, devia-se à sua vida marcada por mentiras. Ele era um profissional, um militar, e trabalhava numa agência de segurança do governo. Por conta disso, tinha várias identidades, vários nomes, vários veículos com placas falsas, vários documentos. E todos os contatos que fazia por telefone, levantando informações, eram todos baseados em mentiras. Eu lhe disse: "Isso não tem muito a ver com a orientação bíblica, com o programa de Deus".

Ouvindo o testemunho daquele homem, apenas pude aconselhá-lo a uma mudança radical em sua vida, inclusive deixar aquela atividade, ao que ele retrucou: "Na minha situação, diante do que sei, do que conheço e da experiência que tenho, se eu pedir para sair do que faço, estou morto!" Então eu disse: "Não sei o que fazer". Mas a minha oração em favor dele era para que Deus criasse facilidades para ele se desligar daquele tipo de atividade. Na semana seguinte, ele voltou a me procurar e disse: "Você não vai acreditar! O coronel me chamou e disse que precisava me transferir para outro setor do exército em que eu não mexeria com mais nada daquilo que fazia".

Ao entender as experiências que Deus nos concede, precisamos entender que Ele também cria as facilidades para andarmos em conformidade com a sua orientação. Assim, o que vimos aqui é que esse quarto passo que Davi dá é manter-se dentro dessa orientação de Deus, e não achar que existem situações alternativas que valham a pena.

O quinto passo que Davi dá é alegrar-se na salvação de Deus. Em Salmos 13.5 ele diz: "O meu coração exulta em tua salvação", e em Salmos 5.11 ele mantém a mesma disposição em louvar ao Senhor: "Mas alegrem-se todos os que confiam em ti; exultem eternamente, porquanto tu os defendes; e em ti se gloriem os que amam o teu nome". Há duas palavras interessantes aqui: exultar e alegrar-se — sendo esta última traduzida em algumas versões por "festejar". Elas descrevem desde aquela satisfação íntima até uma celebração festiva e barulhenta. Ele sabia que a situação era crítica, mas confiava na salvação de Deus e, por isso, se alegrava.

Um amigo viveu uma experiência extremamente amarga. Seu filho sofreu um acidente e perdeu grande parte da consciência e capacidade de se comunicar e de se movimentar. Perguntei-lhe como se sentia diante de tal situação, ao que ele respondeu: "Tenho certeza de que quanto maior for a dificuldade a que Deus nos expuser, maior será o seu milagre". Não importa quão difícil seja a situação que enfrentamos. A questão é a seguinte: se a situação é difícil, o milagre de Deus será ainda maior. Por isso devemos nos alegrar, sabendo que a vitória é nossa. Davi, em meio àquela situação estressante, pôde dizer: "Senhor, eu me alegro. Eu sei que o Senhor proverá". Esse é o quinto passo: uma ação de confiança alegre. Podemos fazer isso por sabermos do poder e do amor de Deus por nós.

O sexto passo de Davi para tirar lições positivas das pressões e do estresse está em Salmos 5.11: "... exultem eternamente..." Em Salmos 13.6 também temos: "Cantarei ao Senhor, porquanto me tem feito muito bem". A maneira como Davi está se expressando é audível, sonora e, até certo ponto, marcada por muito barulho. O popular ditado que diz: "Quem canta, seus males espanta" pode ser aplicado ao contexto. O louvor do salmista, contudo, não se trata de uma expressão vazia; pelo contrário, ele canta por causa do bem que o Senhor lhe tem feito. Louvar ao Senhor e regozijar-se em seu livramento, reconhecendo que Ele está no controle de tudo funciona também como um bálsamo, como um elemento inspirador de fé. E esta é a oportunidade que Deus nos dá para vermos o bem que Ele já nos tem feito, muitas vezes sem que ao menos percebamos. Por isso o salmista clama ao Senhor: "Alumia os meus olhos".

Por outro lado, quando nos entregamos à murmuração, esquecendo-nos de que temos um Deus Todo-poderoso que tudo vê, a sensação de que o tempo parece estender-se mais e mais acaba por nos levar ao desespero. É como se cada vez mais nos afundássemos numa areia movediça; aos poucos perdemos referência daquilo que é sólido, e os problemas acabam nos tragando em meio à relutância e obstinação em entregá-los nas mãos de Deus.

Você já percebeu como pessoas negativas acabam continuamente falando de coisas negativas, tornando-se ainda mais desanimadas e depressivas? Percebo que muitas pessoas murmuradoras, com o passar do tempo, se tornam ainda mais murmuradoras. Certa vez, deixei meu carro na oficina para fazer manutenção. Precisei de uma carona para retornar ao meu escritório, o que fiz com o proprietário da oficina. Ao longo do trajeto conversamos sobre a situação do país e como se pode viver com boas perspectivas apesar da situação econômica. Em certo momento ele disse: "Nesses últimos doze meses, tive que levar em casa várias pessoas que deixaram o carro em minha oficina. Você é a primeira pessoa cuja conversa não foi reclamação da situação do país".

Davi está vivendo uma situação angustiante, uma situação que levava o seu coração a angustiar-se em meio às inquietações que o sobressaltavam. Mas ele não se deixa dominar, e por isso disciplina sua mente, sem deixar-se abater: "Cantarei ao Senhor, porquanto me tem feito muito bem" (v. 6).

Às vezes pego um hinário ou algumas letras de música e fico cantando e louvando a Deus, como uma maneira de agradecer por aquilo que Ele tem feito por mim, e na certeza daquilo que ainda fará!

Uma das histórias bíblicas que mais me impressionam é a história de Josafá, narrada em 2 Crônicas 20. Ali temos um contexto não muito diferente daquele vivido pelo salmista. Josafá encontrava-se cercado de inimigos, que o ameaçavam. Diante desta situação crítica, sob a orientação do Senhor, o rei ordenou que os cantores fossem à frente do exército cantando e louvando a Deus. O resultado foi uma vitória que aos olhos do próprio Josafá parecia impossível. Precisamos desenvolver essa prática de cantar louvores ao Senhor em meio às crises. Quando cantamos, focamos nossos olhos naquilo que o Senhor já tem feito e criamos expectativas acerca do que Ele pode fazer, em vez de assumirmos uma postura murmuradora.

Evidentemente, o Senhor não nos chamou a vivermos uma vida livre de todas as pressões a que estamos sujeitos neste mundo. Elas aparecem quando menos esperamos. Mas para enfrentarmos essas situações, Davi nos apresenta seis passos que têm potencial para tornar o estresse numa oportunidade de aperfeiçoamento e crescimento espiritual. Ele sempre está colocando diante de Deus a sua causa, pedindo que lhe dê a sabedoria e percepção de que tal experiência faz parte do projeto divino em sua vida. Ele também confia que aquela situação não foge ao controle de Deus, por mais dolorosa que seja, mantendo-se ainda dentro da orientação do Senhor. Por fim, alegra-se na salvação que Deus lhe tem concedido, independentemente de quão difícil pareça o problema, cantando louvores pelo bem que o Senhor já tem feito.

Vamos orar:

Pai celeste, é para nós esta orientação, é para o nosso dia-a-dia. Por isso eu quero te pedir por aqueles que também estão vivendo situações difíceis e que também estão dizendo: "Até quando, Senhor?" Que eles possam praticar o que nos diz o salmista, transformando essas situações estressantes em oportunidades de ver o Senhor agir. Tira de nós a ilusão de que podemos viver num mundo sem problemas. Ensina-nos a viver em tais circunstâncias de uma forma vitoriosa, apesar das tensões. Eu oro em nome de Jesus. Amém.

Capítulo 6

Livrando-se da Escravidão da Tristeza

Salmo 6

Senhor, não me repreendas na tua ira, nem me castigues no teu furor. Tem misericórdia de mim, Senhor, porque sou fraco; sara-me, Senhor, porque os meus ossos estão perturbados. Até a minha alma está perturbada; mas tu, Senhor, até quando? Volta-te, Senhor, livra a minha alma; salva-me por tua benignidade. Porque na morte não há lembrança de ti; no sepulcro quem te louvará? Já estou cansado do meu gemido; toda noite faço nadar a minha cama; molho o meu leito com as minhas lágrimas. Já os meus olhos estão consumidos pela mágoa e têm envelhecido por causa de todos os meus inimigos. Apartai-vos de mim todos os que praticais a iniqüidade; porque o Senhor já ouviu a voz do meu lamento. O Senhor já ouviu a minha súplica; o Senhor aceitará a minha oração. Envergonhem-se e perturbem-se todos os meus inimigos; tornem atrás e envergonhem-se num momento.

Nos salmos que já estudamos, percebemos facilmente que exultação, alegria, celebração e felicidade fazem parte do plano de Deus para a vida de seu povo. Talvez você já tenha ouvido alguém dizer: "Se você aceitar a Jesus, terá uma vida feliz". A promessa é verdadeira. O problema é pensar que, pelo fato de alguém tomar a decisão de aceitar a Cristo, sua vida será marcada apenas por momentos de alegria, e que ela nunca mais experimentará tristezas, passando a viver cantando o tempo todo. Isso não é a verdade. É a mesma coisa que acreditar que se alguém comprar um carro numa concessionária, terá todas as comodidades que lhe são oferecidas. Na verdade, as comodidades que são oferecidas dependem de uma série de coisas que nos cabem, como por exemplo abastecer de combustível o automóvel, calibrar os pneus e manter correto o nível de óleo no motor. Se você não cumprir as exigências necessárias de manutenção do veículo, o que vai acontecer é que terá muitos aborrecimentos.

Da mesma maneira, se você entrou numa faculdade, está festivo e contente pelo seu feito, mas isso é só o começo. Para que, de fato, a faculdade gere em você as vantagens e alegrias que espera, será necessário cumprir com uma série de responsabilidades. Assim é também no campo da vida cristã. Se você chegou a Cristo, esse é realmente o primeiro passo para que você desfrute da felicidade planejada por Deus. Isso não significa que, automaticamente, você será feliz. Assim, é possível ser um filho de Deus, conhecer as suas promessas e viver de uma maneira diferente da planejada por Deus.

Davi é um exemplo disso, como vemos em Salmos 6.2: "Tem misericórdia de mim, Senhor, porque sou fraco; sara-me, Senhor, porque os meus ossos estão perturbados". Ou seja, ele está cansado, e no versículo 3 continua: "Até quando?" Aparentemente, ele não vê uma saída da situação em que se encontra, já prestes a desfalecer. É nesse momento que começa a pensar e a meditar na morte: "Porque na morte não há lembrança de ti". No versículo 6, ele continua descrevendo sua situação desesperadora: "Já estou cansado do meu gemido; toda noite faço nadar a minha cama; molho o meu leito com as minhas lágrimas". Aqui está um filho de Deus, para quem Deus propõe alegria, felicidade, uma vida marcada por celebração e canto, mas que confessa não ter paz quando encosta sua cabeça no travesseiro, banhando-o de lágrimas. Além disso, ele está exausto, cansado, triste e traz no seu rosto as marcas provocadas pela angústia de seu coração.

Não é preciso estudar a psicologia, ou ser um profundo conhecedor da natureza humana para se reconhecer que Davi precisava de ajuda. Para alguém nesse estado, um bom conselho de um profissional da área seria: "Tire umas boas férias em algum lugar tranqüilo, sem preocupações e coisas desse tipo", ou "Tome um Prozac que você vai se sentir melhor". Muitas soluções poderiam ser apresentadas para tentar diminuir essa tristeza que amargura o coração do salmista.

O Salmo 6 faz parte do grupo denominado "Salmos Penitenciais". Por isso, veremos outros salmos que também mencionam esse seu sentimento. O primeiro que quero citar é o Salmo 38. No versículo 3 Davi diz: "Não há coisa sã na minha carne, por causa da tua cólera; nem há paz em meus ossos, por causa do meu pecado". No versículo 4 ele se culpa, sentindo o peso dos seus pecados: "Pois já as minhas iniqüidades ultrapassam a minha cabeça; como carga pesada são demais para as minhas forças". Nos versículos 6 e 7 vemos um homem triste, com os ombros encurvados: "Estou encurvado, estou muito abatido". Sua tristeza, em tão profunda intensidade, torna-se em enfermidade. A febre toma conta de seu corpo e ele afirma que todo o seu corpo está enfermo.

Na segunda parte do versículo 10 ele diz: "... quanto à luz dos meus olhos, até essa me deixou". A depressão é como alguém que está no fim do túnel e não consegue enxergar nem um pouco da luz da saída. Era assim que Davi se sentia. No versículo 11 ele tem aquele sentimento que as pessoas deprimidas têm: de que todos à sua volta o estão evitando. "Os meus amigos e os meus propínquos afastam-se da minha chaga". Muitas vezes, é o que de fato acontece! A verdade é que é difícil relacionar-se socialmente com uma pessoa que é negativa, triste e desanimada. Por isso muitas pessoas acabam se afastando de alguém que atravessa uma crise depressiva — exatamente quando ele mais precisa de apoio.

No versículo 12 ele constata aumentarem os seus traidores. As pessoas estão lutando contra ele. Por fim, nos versículos 13 e 14, ele apresenta um quadro de completa apatia diante da situação. "Mas eu, como surdo, não ouvia e, como mudo, não abri a boca. Assim eu sou como homem que não ouve, e em cuja boca não há reprovação".

Nesses salmos, Davi apresenta, de fato, o que está vivendo. Estes são sintomas claros de uma pessoa totalmente deprimida. Assim, temos nas Escrituras o relato de um filho de Deus, com todas as provisões para viver uma vida plena de alegrias, mas, apesar disso, a sua vida é agora marcada por tristeza, apatia, enfermidade e solidão.

Algumas vezes escuto alguém dizendo: "Um crente não tem depressão!" Se é assim, então vamos ter que rasgar essa página da Bíblia. Aqui está uma pessoa temente a Deus enfrentando a depressão. Não sei se você já vivenciou tal situação em sua vida, mas este, como um dos grandes males deste século, é muito mais comum do que se imagina. Pessoalmente, já experimentei o que é deitar na cama e não conseguir dormir. Assim como Davi, também já passei por uma noite em claro. Portanto, gostaria que entendêssemos um pouco mais o processo que nos leva a um quadro de depressão, assim como devemos conhecer o caminho para sairmos de tal situação.

Provavelmente algumas pessoas podem dizer que o temperamento melancólico de uma pessoa é razão de uma crise depressiva. Outros podem dizer que tais sintomas têm como fonte uma enfermidade. Mas, aparentemente, quando leio as palavras do salmista em Salmos 6.2; 38.3, onde ele menciona um quadro de enfermidade, podemos concluir que a doença não é a razão de sua tristeza profunda. Na verdade, o que acontece é o inverso; a sua tristeza foi a causa de sua enfermidade. Portanto, ele não encara essa tristeza como a causa, mas sim, a conseqüência de algo que pode provocar ainda outros males. Não estou dizendo que uma crise depressiva não pode ser desencadeada por um sintoma físico ou ser conseqüência de uma disfunção hormonal. Mas estou convencido de que, se formos analisar as causas que levam o ser humano à depressão, verificaremos que há uma outra causa que provoca esse triste quadro.

Lendo o Salmo 6, compreendemos melhor em que contexto foram escritas estas palavras do salmista: "Senhor, não me repreendas na tua ira, nem me castigues no teu furor". Davi tem consciência de que teve uma conduta digna de ser repreendido e disciplinado. Ele sabe que fez algo incompatível com o caráter de Deus, e que Deus está prestes a manifestar a sua ira e seu furor contra ele. No início do versículo 2 e no final do versículo 4 ele continua: "Tem misericórdia de mim, Senhor... livra a minha alma; salva-me por tua benignidade". Misericórdia, aqui, significa compaixão, amor leal. Davi relaciona a sua situação com alguma coisa errada que fez. O que ele mais precisa, em vez da ira, que é justa, é que Deus tenha compaixão dele.

Em Salmos 32.3,4, Davi descreve mais sobre as causas da sua tristeza: "Enquanto eu me calei, envelheceram os meus ossos pelo meu bramido em todo o dia. Porque de dia e de noite a tua mão pesava sobre mim". Davi está, de fato, doente, mas reconhece: "Isso aconteceu porque me calei e me escondi, mantendo em secreto o meu pecado!" Assim, ele relaciona a enfermidade que sofre com um pecado, ou pecados, que cometeu.

Em Salmos 51.4 ele faz a seguinte declaração: "Contra ti, contra ti somente pequei, e fiz o que a teus olhos é mal, para que sejas justificado quando falares e puro quando julgares". A tristeza de Davi é claramente vista em suas palavras, e a sua origem, como ele reconhece, iniciou-se com a transgressão de um princípio de Deus. Seu pecado causava toda aquela tristeza pela qual ele passava.

Conforme já vimos em Salmos 32.3, Davi mantinha escondido o seu pecado e pensava que ninguém tinha conhecimento de seus atos; ele achava que estava tudo em ordem. Mas a culpa o estava consumindo. Além disso, ele fala do castigo e da ira de Deus, que, de fato, disciplina e castiga todo aquele a quem ama. Aqui está um indivíduo com a consciência pesada, triste, diante da péssima escolha que fez, e sofrendo ainda o castigo de Deus. Além disso, as acusações vêm tanto de fora como daqueles mais próximos a ele, ou seja, seus amigos e sua família.

Mas que tipo de pecado leva a tudo isso? Temos a tendência de reduzir o pecado a apenas alguns atos impensados. Você já ouviu a famosa declaração: "Eu sou crente! Não fumo, não bebo e não jogo". As Escrituras não falam que tais coisas, especificamente, são pecado, mas falam de muitas outras que são.

Temos a tendência de pensar que certos pecados são mais graves que outros, como se disséssemos: "Eu nunca matei, nunca adulterei". Sei que essas atitudes são pecados graves diante de Deus, mas não somente elas, também a murmuração, a glutonaria e a inveja são pecados aos quais muitos dão pouca importância.

Quando cometemos algum pecado, normalmente uma luz no painel da nossa consciência acende dizendo: "Perigo, cuidado". E o que você faz nessas horas? Quando uma pequena luz acende no painel do seu carro, o que você faz? Tira o fusível para a luz não piscar mais? Coloca um adesivo para tapar a luz? É certo que não fazemos isso, pois não resolve o problema. Da mesma forma, não podemos ignorar os sinais de alerta de nossa consciência. A consciência age como uma "luz" no painel da nossa vida, que acende para indicar que alguma coisa grave está acontecendo.

Assim, eu gostaria de tratar do pecado em dois níveis. Em primeiro lugar, quero chamar sua atenção para o fato de que o ser humano está sujeito ao pecado e, conseqüentemente, todos estão, por causa de seus pecados, separados de Deus. É verdade que nossos pecados têm implicações diferentes na sociedade e, muitas vezes, até para nós mesmos. Mas isso não significa que, diante de Deus, eles tenham diferença em proporção ou gravidade. Por exemplo, tomemos como exemplo dois casos diferentes: uma pessoa que normalmente tem a tendência a pecar no campo da gula, e uma outra que tem a tendência a pecar em sentimentos de rancor. São dois pecados bem diferentes. O rancor pode causar até mortes e, conseqüentemente, a prisão, enquanto a gula pode apenas acarretar alguns indesejáveis quilos a mais. Por causa da gula é possível que, em casos exagerados, uma pessoa desenvolva algum tipo de enfermidade — e em casos mais graves, até mesmo leve à morte. Esses dois pecados têm implicações diferentes na sociedade; podem ter implicações diferentes na sua vida. Mas, diante de Deus, tanto a gula quanto os sentimentos rancorosos destroem o nosso relacionamento pessoal com Ele.

A Palavra de Deus nos diz que a alma que pecar, essa morrerá; que o salário do pecado é a morte e que todos que pecaram estão separados da glória de Deus. Então eu diria que todos nós temos um problema básico, geral e comum: todos somos pecadores e estamos separados de Deus. Mas, para isso, as Escrituras nos apresentam uma boa notícia — a salvação em Jesus. Ele veio e morreu na cruz, pagando o preço pelos nossos pecados. A Bíblia diz que Ele morreu por todos. Essa é a boa notícia. Mesmo sendo pecadores, Deus nos oferece o perdão dos nossos pecados, porque Jesus levou sobre si o castigo que cabe ao pecador. Por isso, o apóstolo Paulo diz em Efésios 2.8,9: "Porque pela graça sois salvos, por meio da fé; e isso não vem de vós; é dom de Deus. Não vem das obras, para que ninguém se glorie". A salvação é um presente que nos é dado através da graça de Deus, e essa salvação e o perdão de pecados é para todos quantos queiram. Se você ainda não desfrutou disso, mais adiante vou falar sobre o que deve fazer. Mas se você já desfrutou disso, a condenação do pecado não mais pesa sobre você, pois o sangue de Jesus o lavou e você se tornou um filho de Deus. Porém, seria um engano pensar que, pelo fato de ter aceitado a Cristo e ser feito um filho de Deus você não mais esteja sujeito a pecar novamente. Não é isso! Como diz o apóstolo João, "Se dissermos que não temos pecado, enganamo-nos a nós mesmos, e não há verdade em nós" (1 Jo 1.8).

Deus sabe que o pecado é inerente à natureza humana. Se dissermos o contrário, estamos apenas nos enganando. Assim, não é impossível que um filho de Deus venha a cair em pecado, embora não seja esta a vontade de Deus para a sua vida. É isso que está acontecendo aqui com Davi, que se encaixa nessa circunstância: um filho de Deus que peca e que está arcando com as conseqüências amargas do seu pecado.

Analisando novamente as palavras do salmista em Salmos 6.1, percebemos que ele está sofrendo o castigo de Deus por seu pecado. No versículo 2, percebemos que está com a consciência pesada e clama a Deus por misericórdia. Ainda no segundo versículo ele diz que está desfalecendo, e no versículo 4 também sente Deus à parte dele. No versículo 7, diz que os seus olhos se consomem de tristeza. Assim como Davi, não raro encontramos pessoas, até mesmo dentro da igreja, tristes em razão de uma crise depressiva; no entanto, muitas vezes a origem não é de alguma enfermidade ou uma disfunção hormonal. O grande mal muitas vezes oculto em um quadro de depressão na vida de um crente é o pecado; quando a orientação da Palavra e Deus para a santidade no viver diário é negligenciada. Mais que as conseqüências espirituais que o pecado acarreta na vida do crente, os seus sintomas podem revelar-se numa consciência pesada e no sofrimento que se reflete no corpo. Mas como podemos nos livrar disso?

Creio que em algum momento de nossas vidas, todos nós já experimentamos sentimentos de profunda tristeza, negativismo e desânimo — em virtude ou não de algum pecado cometido. O que Deus tem a nos dizer sobre isso? Não há nada de errado em tais sentimentos, mas se você apenas procura tratar dos sintomas, em vez de tratar da causa, não está tratando adequadamente do problema. Na verdade, qualquer tentativa de se encobrir a verdadeira causa de um problema, ou tão-somente se utilizar de subterfúgios e tratamentos paliativos, apenas serve para agravar ainda mais os sintomas, passando de uma depressão a uma enfermidade — espiritual ou física. Assim, o que deve ser feito nessas condições? Como devemos tratar esse mal pela raiz?

Em primeiro lugar, devemos confessar a Deus os nossos pecados. Em Salmos 32.3, Davi declara: "Enquanto eu me calei". Na seqüência, ele mostra as conseqüências físicas e a tristeza decorrentes de seu silêncio. Os males físicos, aqui, são conseqüências do seu pecado e da sua tristeza, que são causados, basicamente, pela transgressão da Palavra de Deus. Algumas pessoas conseguem se calar por muito tempo, só que não percebem que estão apenas mantendo aquilo que as corrói. É o mesmo que encher continuamente um balão: quanto mais tempo o enchermos, garantimos que uma hora ele vai estourar, e quanto mais cheio maior será o estouro.

Davi está dizendo que enquanto se manteve em silêncio — ou escondeu seu pecado —, seu corpo padeceu. Mas, em Salmos 32.5, ele diz: "Confessei-te o meu pecado e a minha maldade não encobri; dizia eu: Confessarei ao Senhor as minhas transgressões; e tu perdoaste a maldade do meu pecado". Não é da vontade de Deus que fiquemos encobrindo o nosso pecado. Ele espera que o confessemos. Em Provérbios 28.13 está escrito: "O que encobre as suas transgressões nunca prosperará; mas o que as confessa e deixa alcançará misericórdia". E em 1 João 1.9, o apóstolo escreveu: "Se confessarmos os nossos pecados, ele é fiel e justo para nos perdoar os pecados e nos purificar de toda injustiça". Por isso o salmista reconhece: "Eis que amas a verdade no íntimo" (Sl 51.6). O que Deus quer ouvir da nossa boca é uma confissão, um reconhecimento de que erramos. Em vez de usar desculpas, ou procurar ocultar um pecado cometido, devemos confessar, como Davi: "Contra ti, contra ti somente pequei, e fiz o que a teus olhos é mal" (v. 4).

É bom lembrar que não creio que o Salmo 6 se propõe a apresentar todas as soluções e todos os detalhes da depressão que começa de um mal espiritual. Por isso, estou lançando mão desses outros salmos, porque juntos trazem elementos que, de fato, devem ser aplicados ao nosso viver. Então, em Salmos 51.7, Davi ora a Deus: "Purifica-me com hissopo, e ficarei puro; lava-me, e ficarei mais alvo do que a neve". Esta é a segunda atitude que devemos tomar: Pedir que Deus nos purifique. Davi está abrindo sua vida diante de Deus depois de confessar o seu pecado. Conforme a promessa de Deus, no momento em que confessamos genuinamente o nosso pecado — atitude esta marcada por um arrependimento e reconhecimento —, somos por Deus perdoados. Assim, o que temos a fazer é verdadeiramente confessar os nossos pecados, e receberemos de Deus o perdão.

Por outro lado, Davi também pede por purificação. Creio que essa purificação que busca o salmista mostra o seu desejo de serem revelados quaisquer outros pecados por ele cometidos, para que seja deles purificado. Vemos isto mais claramente em Salmos 139.23: "Sonda-me, ó Deus, e conhece o meu coração; prova-me e conhece os meus pensamentos". O mesmo encontramos em Salmos 19.12: "Quem pode entender os próprios erros? Expurga-me tu dos que me são ocultos".

Tenho feito essa oração várias vezes em minha vida, e tenho tido a oportunidade de identificar uma série de outras coisas que não tinha percebido ainda como pecados. Certa vez, estimulei um irmão a fazer esse exercício de pedir que Deus o purificasse de seus pecados. Depois de duas semanas ele voltou e disse que estava mal, pois lembrava de algumas coisas ruins e estava tentando esquecê-las. Então eu lhe disse: "Você não orou pedindo que Deus lhe mostre coisas que você fez contra Ele e que não percebia? Ele está fazendo exatamente isso. Não adianta jogar para baixo do tapete. Confesse. Desfrute do perdão".

Assim, quando Davi ora: "Senhor, purifica-me!", eu diria que isto é como uma inscrição no programa de Deus para aperfeiçoamento do homem. Este é um novo programa de aperfeiçoamento que começa, por meio da ação do Espírito Santo, com o convencimento dos pecados que muitas vezes ignoramos ou reputamos por insignificantes diante de Deus, para que sejam confessados. Salmos 51.7 afirma que seremos purificados da sujeira provocada pelo pecado. O salmista está pedindo ao Senhor não só que perdoe aquele pecado que acabara de confessar, mas pede para que Deus identifique outros pecados ocultos, a fim de serem confessados e perdoados.

Em terceiro lugar, Deus nos orienta a que busquemos a sua instrução. No Salmo 32, encontramos Davi atento ao que Deus está dizendo: "Instruir-te-ei e ensinar-te-ei o caminho que deves seguir; guiar-te-ei com os meus olhos. Não sejais como o cavalo, nem como a mula, que não têm entendimento" (vv. 8,9). A característica de um cavalo é que, se você deixar, ele vai à frente, independentemente de seu comando. Você tem de usar o freio para dominá-lo. Do contrário, ele vai sozinho. A característica de uma mula é que esta não respeita ao comando de andar, e empaca. A orientação de Deus é de que não sejamos nem como o cavalo — que não ouve a orientação que recebe, e sai correndo em disparada — e nem como a mula que, mesmo quando ouve, não obedece!

Assim, precisamos buscar em Deus a devida instrução para o nosso viver segundo a sua direção, porque os frutos do pecado são as dores. Ciente disto, o salmista, já tendo se apresentado a Deus e confessado o seu pecado, não se limita ao reconhecimento de um erro cometido, mas pede ao Senhor que o instrua. Este é o melhor tratamento profilático do pecado: estar centrado na Palavra de Deus.

Em Salmos 119.11, o salmista diz: "Escondi a tua palavra no meu coração, para eu não pecar contra ti". À medida que conheço essa palavra e ela se revela cada vez mais viva em meu coração, o seu efeito sobre mim é uma reverente certeza de como deve ser o meu viver diário, segundo a vontade de Deus. Assim, a orientação que percebo aqui é que Davi está em busca dessa palavra que o confronta, e que desta forma o aperfeiçoa. Ele confessa o seu pecado e, através da purificação que busca, obtém o perdão de Deus. E não apenas daquele pecado especificamente, mas também de outros que não tenha confessado.

Davi clama pela instrução de Deus, pedindo-lhe que lhe dê a capacidade de obedecer, como lemos ainda em Salmos 51.10: "Cria em mim, ó Deus, um coração puro e renova em mim um espírito reto". Ele sabe que se depender apenas de sua limitada capacidade humana, acabará voltando a cometer os mesmos pecados. Agora, ele está dizendo a Deus: "Senhor, cria em mim um coração puro. Trabalhe em mim, Senhor, para que eu, de fato, tenha um coração puro. Que os pensamentos, que o comando dos meus olhos, da minha boca, dos meus ouvidos; enfim, que o meu coração seja puro!"

Em Salmos 51.12, ele dá um passo a mais e pede a Deus: "Torna a dar-me a alegria da tua salvação e sustém-me com um espírito voluntário". Assim, Davi não somente busca o perdão de Deus, através da purificação, mas também está dizendo: "Senhor, se não for pelo teu Espírito, não vou ter condição de viver para o que o Senhor tem para mim". É possível que você esteja dominado pelo desânimo, desespero, depressão e tristeza, e nessas horas parecem lhe fugir as forças para lutar, mas Davi nessas horas dizia: "Senhor, ergue-me! Sustenta o meu coração e me dê motivação e vontade de obedecer".

Acho interessante como ele começa os primeiros versículos do Salmo 32, que foi escrito quando o salmista já alcançara de Deus o perdão do seu pecado: "Bem-aventurado aquele cuja transgressão é perdoada, e cujo pecado é coberto. Bem-aventurado o homem a quem o Senhor não imputa maldade, e em cujo espírito não há engano" (vv. 1,2). Sabe quem está dizendo isso? É aquele que pouco antes mantinha-se calado sobre seus pecados. Aliás, ele escreve depois, mas viveu isso antes. Agora, ele está desfrutando de toda a alegria do perdão de Deus e está dizendo: "Como estou feliz! Como estou aliviado! Foi bom ter feito o que fiz!"

Ainda em Salmos 32.11 ele diz: "Alegrai-vos no Senhor e regozijai-vos, vós, os justos; e cantai alegremente todos vós que sois retos de coração". Ele está nos afirmando que a verdadeira alegria do perdão encontra-se apenas no coração daquele que ao Senhor apresenta suas faltas em busca de perdão, sem o qual nos tornamos reféns de nossos pecados, os quais nos conduzem à perdição. No entanto, esta alegria não significa que a luta contra o pecado terminou, pois ela, na verdade, não termina nesta vida. E quando nos descuidamos e ignoramos os princípios da orientação de Deus, por uma razão ou outra, e voltamos a manter nossa postura pecaminosa, certamente iremos arcar com as conseqüências disso.

Finalizando, se você já é um filho de Deus e está vivendo dessa maneira derrotista, confesse e receba o perdão de Deus. Busque no Senhor, a exemplo do salmista, a purificação. Disponha-se a ouvir a instrução de Deus para um viver piedoso e, por fim, desfrute alegremente da alegria que vem de viver uma vida motivada e capacitada por Deus.

Vamos orar:

Pai celeste, quero te agradecer porque sei que o Senhor conhece a nossa natureza pecaminosa e se compadece de nós. Que possamos desfrutar da alegria que vem da confissão sincera. Que o teu povo possa desfrutar da alegria de se ater à tua Palavra para ser confrontado por ti. Que o teu povo possa ter a alegria de ser sustentado e motivado pelo Espírito para viver de acordo com a tua vontade. Eu oro em nome de Jesus. Amém.

Capítulo 7

Integridade em Decadência

Salmo 7

Senhor, meu Deus, em ti confio; salva-me de todos os que me perseguem e livra-me; para que ele não arrebate a minha alma, como leão, despedaçando-a, sem que haja quem a livre; Senhor, meu Deus, se eu fiz isto, se há perversidade nas minhas mãos, se paguei com o mal àquele que tinha paz comigo (antes, livrei ao que me oprimia sem causa); persiga o inimigo a minha alma e alcance-a; calque aos pés a minha vida sobre a terra e reduza a pó a minha glória. Levanta-te, Senhor, na tua ira; exalta-te por causa do furor dos meus opressores; e desperta por mim, para o juízo que ordenaste. Assim, te rodeará o ajuntamento de povos; por causa deles, pois, volta às alturas. O Senhor julgará os povos; julga-me, Senhor, conforme a minha justiça e conforme a integridade que há em mim. Tenha já fim a malícia dos ímpios, mas estabeleça-se o justo; pois tu, ó justo Deus, provas o coração e a mente. O meu escudo está com Deus, que salva os retos de coração. Deus é um juiz justo, um Deus que se ira todos os dias. Se o homem se não converter, Deus afiará a sua espada; já tem armado o seu arco e está aparelhado; e já para ele preparou armas mortais; e porá em ação as suas setas inflamadas contra os perseguidores. Eis que esse está com dores de perversidade; concebeu trabalhos e produzirá mentiras. Cavou um poço, e o fez fundo, e caiu na cova que fez. A sua obra cairá sobre a sua cabeça; e a sua violência descerá sobre a sua mioleira. Eu louvarei ao Senhor segundo a sua justiça e cantarei louvores ao nome do Senhor Altíssimo.

Introdução

Vivemos em um mundo marcado por corrupção. Isso todos nós sabemos. O problema é quando pensamos que a corrupção está restrita às nossas autoridades, aos políticos, aos ladrões, e nos excluímos. O apóstolo Paulo diz, em Filipenses 2.15, que devemos ser "irrepreensíveis e sinceros, filhos de Deus inculpáveis no meio de uma geração pervertida e corrupta, na qual [resplandeçamos] como luzeiros no mundo" (ARA). Corrupção não é alguma coisa que pertence exclusivamente aos políticos, mas também a toda a sociedade. É possível que você, que acompanha a política, tenha os ex-presidentes Sarney e Collor como corruptos. É possível que você ainda não tenha tido a oportunidade de identificar o nível de corrupção de outros políticos, e também de vários outros segmentos da nossa sociedade.

Relembrando alguns casos de corrupção no Brasil, verificamos que a corrupção não se restringe ao procedimento de determinadas pessoas, mas também ao processo de acusação contra elas. Algumas pessoas são acusadas de desviar verbas, ou de adquiri-las ilicitamente. Nessas horas surgem pessoas dizendo: "É daqui que vem o dinheiro". Então aparece outro e diz: "Não, esse dinheiro não veio de mim!" Mas a pergunta é: Como foi feita tal descoberta? Como descobriram que havia dinheiro em tal lugar? Como órgãos governamentais sabiam especificamente daquela informação? Há corrupção em quem procede desviando dinheiro, mas há também corrupção por parte de muitos que acusam, pois o fazem por interesses pessoais ou partidários, e não por escrúpulo.

O Salmo 7 foi escrito numa situação muito parecida com a que presenciamos em nosso país. Na introdução, lemos: "Sigaiom de Davi, que cantou ao Senhor, sobre as palavras de Cuxe, benjamita". Existiu uma pessoa chamada Cuxe. Seu nome não aparece muitas vezes na Bíblia, mas aqui vemos que era um benjamita. Isso significa que era da tribo de Saul, o primeiro rei de Israel, o antecessor de Davi.

Quando Saul e seu filho morreram, um dos amigos de Davi lhe trouxe a notícia como se esta fosse uma boa informação. Por causa dessa atitude, o mensageiro foi morto pelo próprio Davi, mas com a morte de Saul, o reino de Israel ficou dividido; assim, Davi não reinou inicialmente em todo o território, mas apenas em Hebrom. Isbosete, um descendente de Saul, reinou em Jerusalém. Mas alguns dos homens de Isbosete o traíram e o mataram, ao que um mensageiro trouxe a notícia: "Livramo-nos de Isbosete!" Davi também matou quem trouxe a suposta "boa" notícia. Para os padrões da época, Davi procedera de maneira incomum, pois não era comum se poupar os membros da dinastia anterior. Quando Davi ainda trabalhava para Saul, ele sofreu várias tentativas de assassinato pelo próprio rei. Em algumas ocasiões, Davi teve a oportunidade de matar Saul, mas não o fez. Quando uma dinastia sucedia outra, todos os familiares da dinastia anterior eram mortos.

Mas como devemos proceder no contexto de uma sociedade tão corrupta como esta em que vivemos? O que Deus espera dos seus filhos nessas situações?

Havia basicamente duas acusações feitas contra Davi. Em Salmos 7.3, lemos: "Senhor, meu Deus, se eu fiz isto..." Em algumas traduções temos: "Se eu fiz o de que me culpam..." (ARA) Cuxe estava levantando suspeita sobre Davi. Um homem de Deus está sendo acusado de um procedimento injusto. No versículo 3, Davi menciona a primeira acusação: "... se há perversidade nas minhas mãos". A acusação basicamente era de injustiça, e Davi ora a Deus: "Senhor, meu Deus, se eu fiz isto, se há perversidade nas minhas mãos". A segunda acusação está no versículo 4: "Se paguei com o mal àquele que tinha paz comigo (antes, livrei ao que me oprimia sem causa)". Nós não sabemos, mas possivelmente esse benjamita estava acusando Davi de ter traído Saul e seu filho Jônatas, amigo pessoal de Davi.

São estas as duas acusações que são feitas contra Davi. O fato de estar na liderança oferece uma grande oportunidade ao líder de sofrer alguma acusação e, na maioria das vezes, ele nem mesmo pode defender-se de tais acusações.

Recentemente, tive que intermediar um atrito entre duas pessoas, onde uma delas estava sendo acusada de um procedimento nada ético. Nessas condições tive que dizer: "Não insinue, mas levante uma acusação objetiva para tratarmos como acusação. Afirme categoricamente o que você vê, e se existe um fato objetivo. Portanto, o simples fato de acusar não significa que existe justiça em tal acusação, como o fato de não haver acusação não significa procedimento justo".

Assim sendo, é bem provável que no decorrer da nossa vida iremos sofrer acusações. Em 1 Pedro 2.12, lemos: "Tendo o vosso viver honesto entre os gentios, para que, naquilo em que falam mal de vós, como de malfeitores, glorifiquem a Deus no Dia da visitação, pelas boas obras que em vós observem".

É comum ouvirmos não-cristãos acusarem cristãos de procedimentos incompatíveis com a ética, a justiça e o padrão de Deus, mas Pedro está dizendo: "Observem as vossas boas obras, mantenham exemplar o seu procedimento. Um dia eles chegarão a glorificar a Deus pelo que vêem na sua vida".

Assim, eu diria que a vida de um filho de Deus, em meio a uma sociedade corrupta como esta em que vivemos, pode nos levar a dois tipos de tensões. Em primeiro lugar, temos a tensão de viver num mundo corrupto e sendo chamados para ser santos.

Vivemos dias em que as pessoas procedem das mais diversas maneiras, como se fossem absolutamente corretas, restando a quem anda na integridade ter até vergonha de ser íntegro. A mentira e a falsidade são os padrões da sociedade. O mesmo acontece com o calote em dívidas, traição e também a sonegação de impostos. A justificativa para tais atitudes é: "Todo o

ser enganado. Ele jamais se desviará de sua própria ética, caráter e santidade.

Nos versículos 12 e 13, Davi continua: "Se o homem se não converter, Deus afiará a sua espada; já tem armado o seu arco e está aparelhado; e já para ele preparou armas mortais; e porá em ação as suas setas inflamadas contra os perseguidores". Davi entende que seu Deus é retribuidor e quando há pecado do povo e não há arrependimento, Deus dará a cada um a sua retribuição.

Como Davi trata esse Deus? Ele não vê a Deus como condescendente, não vê um Deus que está sempre pronto a fazer o que o homem quer. Temos a mentalidade reinante em nossos dias de um Deus que está a nosso serviço, para fazer a nossa vontade como bem entendemos. Essa idéia não existe nas Escrituras. Isso é um ídolo criado na cabeça do homem. Ele é Deus, o Senhor, o Juiz, o Retribuidor, o Altíssimo, o Grande, o Centro. Davi, quando se aproxima desse Deus, conhecendo-o como muito poucos, o trata com seriedade. Ele não brinca com Deus, pois tem ciência de que o Senhor está acima de tudo, em todos os tempos e em todos os lugares.

Com essa consciência, eu diria que o segundo aspecto do procedimento de Davi é que ele se entrega à sua prova. Observamos isto em Salmos 7.3: "Senhor, meu Deus, se eu fiz isto, se há perversidade nas minhas mãos", onde aparentemente o salmista afirma estar livre de toda a culpa e que nunca errou. Mas não é isso. No Salmo 51, versículo 5, vemos Davi expressando, de alguma maneira, a confissão do seu pecado. Ele diz: "Eis que em iniqüidade fui formado, e em pecado me concebeu minha mãe". Ele reconhece que sua vida é marcada pelo pecado. O que está respondendo, aqui, não é à questão de ser ou não pecador. O que está respondendo é à acusação específica da maldade e crime que teria cometido; está respondendo por conta da acusação de que foi injusto com algum aliado seu, traindo-o. Não estou dizendo que ele é absolutamente justo. Só está se defendendo da acusação mencionada em Salmos 7.3,4. Porém, diante da acusação, ele diz o seguinte no versículo 5: "Persiga o inimigo a minha alma e alcance-a; calque aos pés a minha vida sobre a terra e reduza a pó a minha glória". O que ele está dizendo é: "Senhor, se estou agindo injustamente, se estou, de fato, em pecado, como dizem, destrua-me".

Ao ver o impacto que existe na vida de algumas pessoas por conta de pecados cometidos por líderes cristãos e de pastores, não foram poucas as vezes em que eu disse: "Senhor, se eu for agir assim, peço-te que tire a minha vida para que eu não envergonhe o teu nome". Da mesma forma, Davi pede: "Senhor, se for verdade, tu podes acabar com a minha honra e com a minha vida". Ele está interessado em andar em consonância com a integridade, com a justiça e com a grandeza do seu Deus. Embora não diga que não tenha pecados, de forma alguma diz que teria cometido somente os pecados relacionados a essas duas acusações. Na verdade, sua defesa baseava-se no fato de que ele estava ciente de que aquilo identificado como pecado estava sendo tratado com Deus.

Vejamos uma outra situação. Em Salmos 26.1 está escrito: "Julga-me, Senhor, pois tenho andado em minha sinceridade..." De novo ele está pedindo a Deus: "Senhor, faça justiça na minha vida!" É isso que quero dizer com o segundo aspecto do procedimento do filho de Deus: entregar-se a Deus para que Ele cumpra a sua vontade. A palavra hebraica para "integridade" tem o mesmo sentido de *tudo, completo* e *inteiro*. "Estou vivendo integralmente para ti. Não estou fazendo reservas!"

É possível que você já tenha recebido visitas em sua casa em uma hora inoportuna. Isso porque a cozinha, a sala e os quartos estariam desarrumados. Naquele momento você passa pela sala e consegue ainda recolher algumas das coisas que estão fora do lugar. Quando a pessoa entra, você diz: "Não repara não!" Então a pessoa lhe diz: "Preciso ir ao banheiro". Por causa da bagunça ali, você pede: "Não! Espere aqui mais um pouquinho que eu vou arrumar!" Algumas vezes, por causa desses desarranjos pessoais, acabamos destratando as pessoas e cercando-as na sala: "Fique aqui!" Penso que, às vezes, fazemos a mesma coisa com Deus, dizendo: "Ó Senhor, fica aqui, não entre ali!"

Quando Davi diz em Salmos 26.1: "Julga-me, Senhor, pois tenho andado em minha sinceridade", ele quer dizer: "O Senhor me conhece, não tem porta fechada para o Senhor aqui na minha casa. O Senhor pode entrar em qualquer cômodo. O Senhor conhece a minha vida em cada cômodo".

Três vezes ele usa palavras bem parecidas, mas são três palavras distintas no hebraico. Em Salmos 26.2, ele diz: "Examina-me, Senhor, e prova-me; esquadrinha a minha mente e o meu coração". É interessante observar que em Salmos 26.1 (NVI) ele diz: "Tenho vivido com integridade". A idéia da palavra "vivido" refere-se a um proceder diário. O Senhor sabe de meu procedimento", mas, em Salmos 26.2, o salmista não se refere mais a procedimento. Uma tradução mais literal do hebraico poderia ser: "O Senhor conhece o meu coração e o meu rim". O coração era, na sociedade judaica, o centro do pensamento; por isso em nossa Bíblia a palavra é traduzida por *mente*. Esta corresponde ao coração na língua hebraica, e o rim, principal e não exclusivamente, corresponde às emoções. Por isso, a tradução do termo buscar o coração, ainda que de maneira figurativa, como o centro de nossas emoções. O que Davi está falando é: "O Senhor conhece o meu procedimento. O Senhor conhece o que nutro de conhecimento na minha mente. O Senhor sabe como trato das minhas emoções. O Senhor pode examinar, eu sou íntegro e tenho buscado me colocar diante de ti em retidão, seja em meus pensamentos, minhas emoções, ou meu procedimento". Assim, ele pede que o Senhor o analise e o ponha à prova, e que também o purifique.

Voltando ao Salmo 7, percebemos que Davi não apenas temia a Deus, mas se apresentava a Ele para ser aprovado, e isso envolve primeiro a consciência de que não estava cometendo nada que o condenasse perante Deus: "Eu não estou sendo cúmplice das obras das trevas. O Senhor sabe, não estou tornando comum na minha vida, por ser comum na vida dos outros". Vimos também que Davi não pede para que Deus seja condescendente por causa de sua posição como rei de Israel: "Sonda-me, ó Deus, e conhece o meu coração; prova-me e conhece os meus pensamentos. E vê se há em mim algum caminho mau e guia-me pelo caminho eterno" (Sl 139.23,24). O que ele está dizendo é: "Senhor, coloque-me no fogo, no cadinho. Prove o meu coração e a minha mente e veja se há algum caminho errado. Venha me corrigir e me purificar".

O terceiro aspecto do procedimento de Davi é que ele errou muitas vezes, mas teve a visão de que o pecado é uma sedução enganosa. No versículo 14, ele diz: "Eis que esse [o ímpio] está com dores de perversidade; concebeu trabalhos e produzirá mentiras". A ilustração aqui é a de uma concepção. Será que em sua mente você deixa crescer o pensamento maldoso e incompatível com a verdade de Deus? Se isso aconteceu, fique sabendo que, na hora certa, sua *gravidez* será marcada por sofrimento e o parto, por desilusão. Para quem acha que o pecado é divertido, Davi está dizendo: "Quem gera maldade está engravidado de sofrimento, e vai dar à luz desilusão. Mais cedo ou mais tarde, esse pecado acabará comprometendo a sua vida!"

Nos versículos 15 e 16 Davi complementa: "Cavou um poço, e o fez fundo, e caiu na cova que fez". A sua obra cairá sobre a sua cabeça; e a sua violência descerá sobre a sua mioleira".

O que Davi está querendo nos dizer nesses dois versículos é o seguinte: "Ei, você está achando que vai levar a melhor andando fora da orientação de Deus?! O que você faz de errado hoje, está semeando para colher no futuro. Isso vai se voltar contra você. O que vale a pena fazer? Se estiver vivendo desviado da orientação de Deus, seja no que for, Deus se voltará contra você, e o seu pecado irá gerar sofrimento, desilusão, e por fim suas conseqüências recairão sobre a sua cabeça e o ferirão. Deus irá desembainhar a sua espada e agirá contra você". Não existe vantagem em andar em desobediência à orientação de Deus. Embora num primeiro momento possa parecer algo vantajoso, a desonestidade nunca lhe trará vantagens de fato.

O apóstolo Paulo, descrevendo a figura de um atleta em 1 Coríntios 9.27, diz: "Antes, subjugo o meu corpo e o reduzo à servidão, para que, pregando aos outros, eu mesmo não venha de alguma maneira a ficar reprovado". Se sabemos o que é certo, por mais que isso tenha um custo nesta vida, e se dependemos de Deus e andamos em seus caminhos, temos a sua retribuição e suas bênçãos. Mas se, em vez de proceder corretamente, o homem preferir o caminho da mentira, da omissão, da fraude, da imoralidade, você pode ter a certeza de que, mais cedo ou mais tarde, irá colher o que está plantando.

Mesmo que todos sigam o erro, Deus diz: "Não imite o que eles fazem. Seja santo como eu sou santo!"

O quarto aspecto do procedimento de Davi nas condições desse mundo corrompido é que ele louva a Deus por seu triunfo. No versículo 17 ele diz: "Eu louvarei ao Senhor segundo a sua justiça..." Ele já tinha percebido que Deus era Grande, Altíssimo, o Deus da aliança, Retribuidor e Santo e Juiz. Ele é aquEle que, no seu julgamento, não se corrompe. Por isso, Davi louva a Deus pela sua justiça. Quem é que pode dar graças a Deus por sua justiça? Será que um perverso, um ímpio ou um corrupto? Não! Eles não apreciam a justiça. Simplesmente tentam acobertar e esconder suas injustiças. Mas Davi rendia graças à justiça divina. No último trecho do versículo 17, ele afirma: "... cantarei louvores ao nome do Senhor Altíssimo". A idéia da palavra "cantar", no hebraico, pode ser: louvar, acompanhar. É uma série de coisas relacionadas à parte musical que acompanha o louvor. Ele está dizendo: "Senhor, eu quero te bendizer, apreciar, exaltar, contar em voz alta o quanto o Senhor é justo, reto e verdadeiro!" Ele louva a Deus pelo caráter que tem, na certeza de que é isso que quer para si mesmo. Se fosse um louvor em que seu viver não respaldasse suas palavras, o que estaria fazendo era simplesmente falar de boca, com o coração vazio.

Em muitos ambientes de trabalho seculares, pode ser muito conveniente alguém se valer de alguma mentira para tirar proveito próprio ou para prejudicar alguém, o que é um expediente comum. Tenho tido a oportunidade de ouvir testemunhos de pessoas de diversas áreas que têm uma postura absolutamente incompatível com aquilo que é honesto, verdadeiro e adequado. E isso pode ocorrer das mais variadas formas: um professor tomando posse do material intelectual produzido por seus alunos, pessoas que se valem de mentiras ou fraudes na declaração de imposto de renda, etc. Como você está em relação a isso? Sei que, como dizem por aí, "todo o mundo faz". Sei que em nossa sociedade isso é aceitável. Mas e com você? O nosso Deus Santo, Altíssimo, é um Deus que quer fazer de nós um povo santo, condizente com o seu caráter, mas isso não é simplesmente freqüentar uma igreja; é viver na certeza de que, numa ocasião oportuna, mesmo não tendo a aprovação de quem trabalha com você, uma recompensa futura o aguarda.

Vivemos em uma sociedade em que, a todo momento, a corrupção nos é proposta. Certa vez, ao pedir a nota fiscal em um restaurante, o garçom me perguntou: "Que valor o senhor quer na nota?", ao que lhe respondi: "O valor do que eu comi!" A marca da nossa sociedade é essa, e ainda nos pressiona a que nos ajustemos a ela. Você pode economizar algum dinheiro, mas não vale a pena. Com nos diz o salmista, você estará engravidando com o sofrimento e logo dará à luz desilusão.

Vamos orar:

Pai celeste, quero te agradecer pelo exemplo que teu filho Davi nos dá de levar uma vida em conformidade com a tua orientação, com a tua Palavra e viver uma vida de integridade, tendo a consciência tranqüila para ser examinado e purificado por ti, sabendo que o Senhor, a seu tempo, retribuirá com justiça e com retidão. Eu oro em nome de Jesus. Amém.

Capítulo 8

INSIGNIFICÂNCIA E VALOR: COMO DEUS ME VÊ

Salmo 8

Ó Senhor, Senhor nosso, quão admirável é o teu nome em toda a terra, pois puseste a tua glória sobre os céus! Da boca das crianças e dos que mamam tu suscitaste força, por causa dos teus adversários, para fazeres calar o inimigo e vingativo. Quando vejo os teus céus, obra dos teus dedos, a lua e as estrelas que preparaste; que é o homem mortal para que te lembres dele? E o filho do homem, para que o visites? Contudo, pouco menor o fizeste do que os anjos e de glória e de honra o coroaste. Fazes com que ele tenha domínio sobre as obras das tuas mãos; tudo puseste debaixo de seus pés: todas as ovelhas e bois, assim como os animais do campo; as aves dos céus, e os peixes do mar, e tudo o que passa pelas veredas dos mares. Ó Senhor, Senhor nosso, quão admirável é o teu nome sobre toda a terra!

Introdução

Os programas sobre a natureza veiculados pela TV são bastante atraentes. Lembro de alguns anos atrás quando meu filho adquiriu a assinatura de TV a cabo para sua casa. Naquela ocasião, fui visitá-lo e perguntei sobre a sua satisfação com o novo pacote de programas. Ele respondeu: "Não agüento mais ver bichos!" Por outro lado, sou capaz de ficar assistindo a esse tipo de programas sobre a vida selvagem, os animais e as estratégias das feras em suas caçadas. Realmente aprecio isso, aprecio ver programas que falam sobre grandes forças da natureza, como tufões, tornados e particularmente vulcões, que é considerada a maior força que existe na face da terra. Aprecio ainda mais os programas que falam sobre o espaço e sobre o discernimento e a perscrutação do espaço. A exploração do meio ambiente, do espaço, o trabalho científico de discernimento do homem, seu trabalho de exploração, é algo que me fascina.

Fico impressionado com a maneira como o homem tem, nas últimas décadas, avançado em termos tecnológicos, de modo que aquilo que era a coisa mais simples antes, tornou-se complexa hoje. Tome como exemplo o controle de uma televisão. Era um botão para ligar e controlar o volume, outro para mudar de canal, enquanto hoje em dia você pode ter mais de uma centena de comandos num controle remoto. Posso imaginar que as pessoas mais idosas, diante de tanta tecnologia desenvolvida, sintam-se ameaçadas. Algumas vezes me sinto assim. É impressionante quando paramos para olhar para aquilo que o homem tem criado e perceber como demonstra, em tudo que tem feito, sua capacidade tanto de preservação do que temos, como também de destruição.

Certa noite, Davi olhou para os céus, contemplou aquele mundo de estrelas e ensaiou filosofia sobre o que estava vendo. Da mesma forma, certa ocasião eu estava no Paraná e vi o céu coberto de estrelas. Não conseguia ver a Lua, apenas as estrelas. Exclusivamente com a luz das estrelas, eu podia ler, à distância de dez metros, as placas dos carros. Posso imaginar que Davi, numa noite como aquela, olhando a imensidão do universo até onde sua vista alcançava, perguntava-se: "O que é o homem?"

Quando olhamos para o Salmo 8, que diz nos versículos 3 e 4: "Quando vejo os teus céus, obra dos teus dedos, a lua e as estrelas que preparaste; que é o homem mortal para que te lembres dele? E o filho do homem, para que o visites?" É impossível olhar para os céus e outros aspectos da criação e não parar para fazer uma reflexão: "Quem somos nós neste universo todo?" Essa é uma pergunta que tem sido feita constantemente. Algumas vezes sob o pretexto de zombaria, outras revestidas de temor diante de tamanha grandeza e da insignificância humana. Alguns olham para isso tudo e elevam aos céus esta pergunta como um clamor, como se dizendo com perplexidade e indignação: "Deus, faça alguma coisa!" Porém, a maneira como Davi faz essa abordagem aqui parece revelar uma certa admiração temerosa. Diante da consciência da grandeza do universo criado por Deus, ele pergunta: "Quem sou eu?" Diante da grandeza das forças que existem na terra, podemos parar e perguntar: "Quem sou eu?"

Davi então faz a pergunta, e procura responder-lhe através de duas abordagens.

1ª Abordagem: Quem É Deus?

Uma dessas abordagens é aquela que normalmente não se faz na sociedade humana. Ele contempla a criação de Deus. É consciente de quem é Deus e de que Ele é Criador de todo o universo. Conseqüentemente, esse Deus criador de todas as coisas é o Deus que nos dá noções e perspectivas para que possamos definir o homem mais precisamente, visto segundo a perspectiva divina. Então eu diria que a primeira abordagem de Davi para responder a essa pergunta é: "Quem é Deus?"

Nesse salmo, ele reflete, em várias ocasiões, suas perspectivas de quem é Deus e que Ele posteriormente lhe dará a compreensão exata de quem é o homem. Em Salmos 8.1, Davi começa dizendo: "Ó Senhor, Senhor nosso..." Parece ser uma repetição da palavra "Senhor", mas ela está restrita à forma como foi traduzida. Talvez na sua Bíblia o primeiro *Senhor* apareça grafado com todas as letras maiúsculas, e o segundo *Senhor*, com a primeira letra maiúscula e as demais minúsculas. As palavras que foram traduzidas aqui por "SENHOR" e "Senhor" são duas palavras distintas na língua hebraica. A primeira é o tetragrama, YHVH, que os judeus escreviam para descrever a pessoa de Deus, pronunciado hoje pelos não-judeus como Jeová, Javé, Ieová, Iavé e Iahua. A palavra é a conjugação do verbo "ser" na primeira pessoa do singular. Foi a maneira como Deus apresentou-se ao povo de Israel: "Eu sou". Este nome indicava um Deus soberano, auto-suficiente, infinito, autodeterminante e determinador.

A segunda palavra traduzida por "Senhor" significa *dono, senhor*. É a palavra *Adonai*. Ele é o dono, o senhor, quem comanda. Assim, quando Davi clama: "Senhor, Senhor nosso!", está chamando o seu Deus pessoal, infinito, auto-existente, suficiente em tudo e independente. Ele reconhece a Deus como o Senhor, o seu dono.

Sei que os homens não gostam de ouvir essa expressão: "Meu dono". Se existe alguma maneira de nos definirmos hoje, segundo a ideologia reinante nos paises democráticos, é que somos livres e não estamos sob o jugo de ninguém. Mas Davi diz: "Senhor, Senhor nosso! Meu dono!" Ele reconhece que há um Deus acima dele, o qual controla todas as coisas. Um Deus infalível, invencível e que é o único Senhor existente.

Isso reflete a visão que tem de seu Deus, mas ele diz mais ainda: "... quão admirável é o teu nome em toda a terra". Davi está olhando para todo aquele vasto universo e vê tudo como uma expressão de Deus e, conseqüentemente, como parte da essência de Deus. Mais que a mera contemplação do firmamento, seus olhos alcançam a majestade e grandeza do Senhor do universo, o que o faz reconhecer quão esplendoroso é o Senhor.

Davi cria na existência de um Deus Criador e Soberano, e que não fomos simplesmente jogados aqui, mas que há um Deus que tudo criou, e reconhece claramente que Ele está acima de tudo: "Senhor, o teu nome, o teu caráter, tu és magnífico, tu és soberano!"

Deus — em sua posição de Senhor, dono, ser auto-existente, autodeterminante — tem seus inimigos, que são aqueles que não aceitam a sua autoridade. Em Salmos 8.2, Davi diz: "Da boca das crianças e dos que mamam tu suscitaste força, por causa dos teus adversários, para fazeres calar o inimigo e vingativo". Aqui, Davi reconhece: "Da boca de pequeninos, de crianças, o Senhor vai tirar louvor". Essa é uma expressão que muitos teólogos têm dificuldade em definir exatamente o que quer dizer, segundo as palavras do salmista. Penso que Davi está falando da característica das crianças serem sensíveis e honestas em reconhecer a superioridade de alguém sobre elas, assim como a existência de Deus.

Paulo, escrevendo aos romanos, diz que todos nós nascemos com algum conhecimento prévio de Deus. A questão é que, com o passar dos anos, vamos nos sofisticando, fazendo de nossos problemas algo muito mais complexo, e em alguma ocasião, podemos aceitar ou rejeitar o que Deus revela sobre si. Em geral, o homem rejeita, e o que Davi diz é: "Da simplicidade de crianças ou de seres humanos que agem como crianças, na sua simplicidade, confundiriam adversários e inimigos de Deus". É da fragilidade de crianças que as pessoas com posturas sofisticadas serão confundidas.

É interessante observar que o contemplar dos céus não é algo moderno. Certa vez, eu estava assistindo a um programa de TV sobre o povo maia, que viveu durante um período de quase dois mil anos. Dentre os avanços de sua cultura, em relação à sua época, constam cálculos dos dias e do movimento dos astros, com erro de apenas 17 segundos.

Nem sempre essa observação do céu foi favorável ao observador. Galileu Galilei é um bom exemplo. É verdade que pessoas têm olhado para os céus e têm chegado a conclusões honestas. Quando os Estados Unidos enviaram o primeiro astronauta, que acreditava na existência de Deus, este voltou acreditando ainda mais, vendo tudo aquilo como manifestação da divindade e magnificência de Deus. Por outro lado, os russos enviaram alguém que não acreditava em Deus. Este voltou mais convencido ainda de que Deus não existe, dizendo: "Eu não vi nada". A verdade é que aceitá-lo é reconhecer a sua magnificência, a presença e a existência de Deus.

Gostaria então de fazer uma pergunta: Quais as conseqüências práticas de se levar ou não isso em conta? A verdade é que à medida que temos uma postura reverente e disposta a reconhecer a soberania de Deus, não somente reconheceremos, como provaremos dela. Tal postura fará a diferença na vida — e o inverso também é verdade.

2ª Abordagem: Quem É o Homem?

Davi, ao contemplar o céu, reconhecendo a grandeza e magnificência de Deus como criador de todo o universo, diz: "Que é o homem mortal para que te lembres dele? E o filho do homem, para que o visites?" Quem sou eu para que te preocupes, uma vez que sou quase nada diante da tua grandeza e de toda a tua criação?

Com a abordagem de Deus no foco certo, Davi passa a tratar a questão. Ele responde a isso no versículo 5: "... pouco menor o fizeste do que os anjos". Vivemos num contexto em que diversas teorias sobre a origem do homem são levantadas como fatos. Há quem diga que tudo é fruto do acaso, que foi um acidente sem expressão e sem importância que deu origem ao homem. Um pensamento comum em todos os lugares é: "Criação é uma invenção, uma lenda!"

Constantemente tenho ouvido falar sobre "a lenda de Adão e Eva". Por outro lado, tenho lido trabalhos de pessoas que não são necessariamente teístas, reconhecendo que todos os seres humanos são descendentes de um único casal, e matemáticos apresentam a inviabilidade estatística da evolução. Estudos mostram que 99,9% da raça humana são semelhantes. Alguns, mais recentemente, baseados na análise do DNA mitocondrial, afirmam: "Com certeza, somos descendentes de uma única mãe!"

Depois de alguns anos acompanhando essa discussão, desde o final dos anos de 1960, o que percebo é que a cada passo que os cientistas dão, chegam às conclusões a que os teólogos já chegaram há muitos séculos.

No versículo 5, Davi diz: "[Tu] o fizeste". Ele reconhece que o ser humano é fruto da criação e obra de Deus. Não é fruto do acaso, de um acidente sem importância, e continua: "... pouco menor o fizeste do que os anjos". Não é simples. Em algumas versões, temos "um pouco menor do que Deus", "um pouco menor do que os anjos", "um pouco menor do que os seres celestiais". Tenho para mim que Davi está falando da criação do homem, criado à imagem e semelhança de Deus. O homem que foi feito no contexto desse universo todo é um homem que traz as marcas de Deus. Ele não é tão grande quanto Deus, não é infinito, não é eterno e não é totalmente poderoso, mas traz expressões de Deus em si mesmo. Tem uma mente capaz de perscrutar, de discernir e de explorar. Tem emoções maravilhosas, uma vontade incomum. O que Davi está dizendo é que somos um pouco menores que anjos, ou seres celestiais, ou deuses. Ele está reconhecendo não apenas que somos obra das mãos de Deus, mas também que, como criaturas suas, somos semelhantes a Ele em vários aspectos.

Ele então conclui, ainda no versículo 5: "E o coroaste de glória e de honra". Há pessoas que, por serem por natureza tão competitivas, não aceitam a idéia de serem um pouco menores que qualquer coisa. Mas o texto diz que fomos coroados de glória e de honra. Somos menores do que o Deus que nos criou, do que os anjos, mas somos expressão do que há no coração de Deus, e ocupamos uma condição gloriosa e honrável. Em todo o projeto de Deus, o homem, criado à sua imagem e semelhança, ocupa, naturalmente, um lugar especial na criação e no coração dEle. Ao sermos criados, recebemos de Deus um espírito, que nos dá o privilégio de termos comunhão com Ele. Recebemos de Deus intelecto, que nos torna capazes de discernir o que Ele tem criado, e de servir ao próprio Criador. Sendo assim, criados à imagem e semelhança de Deus, fomos coroados de glória e honra.

É fantástico ver a inteligência de um golfinho e do que ele é capaz de aprender e fazer quando adestrado. É fantástico ver a capacidade de locomoção de um macaco nas árvores, mas o homem é mais do que isso. É isso o que Davi está dizendo: espírito, intelecto, emoções e vontades que trazem a expressão da natureza divina, que conferem ao homem uma posição elevada em toda a criação, segundo nos diz a própria Palavra de Deus: "Façamos o homem à nossa imagem, conforme a nossa semelhança, e domine... sobre toda a terra..." (Gn 1.26).

Em Salmos 8.6-8, as palavras do salmista remontam à criação do homem, numa alusão à sua coroação de glória e honra: "Fazes com que ele tenha domínio sobre as obras das tuas mãos; tudo puseste debaixo de seus pés: todas as ovelhas e bois, assim como os animais do campo; as aves dos céus, e os peixes do mar, e tudo o que passa pelas veredas dos mares". Será que temos noção de que foi Deus quem nos deu essa capacidade? Quando Davi escreveu isso, não detinha nenhum conhecimento de biologia, psicanálise ou qualquer das ciências modernas desenvolvidas ao longo dos séculos, apenas a inspiração divina — o que, melhor que qualquer doutrina humanista, retrata a natureza humana em sua verdadeira condição.

Tempos atrás, assistindo a um programa de TV sobre a pesca do atum no mundo, o comentarista descrevia tal pesca como covardia, pois a mesma, através dos recursos modernos de que se utiliza, tem sido responsável pela quase extinção da espécie. Por meio de satélites, os pescadores identificam o movimento dos cardumes nos oceanos, sendo então despachados navios de determinados portos, que viajam dias e dias para chegar a um determinado ponto. Ali são encontrados os cardumes, que não têm a menor oportunidade de escape. Deus nos criou com essa capacidade poderosa de sujeitarmos tudo e todas as demais espécies. Assim, percebemos que o homem, nos últimos anos, tem alcançado um grande nível de desenvolvimento tecnológico. Isto se observa desde as mais simples melhorias na qualidade de vida das pessoas, como nas avançadas pesquisas sobre o potencial do átomo, o genoma humano, etc. E tudo isso é possível porque Deus lhe deu tal capacidade. Ele não é um mero descendente de macacos, como apregoam os defensores da teoria da evolução; ele é mais do que isso. No entanto, embora tenha sido criado com capacidade de discernir, de explorar, de construir, de sujeitar as demais espécies e a natureza a si mesmo, uma coisa ele não tem conseguido: sujeitar a si mesmo. Esse homem, que é o ponto máximo da criação de Deus, tem se rebelado contra seu Criador, de forma a fazer coisas tão belas quanto terríveis.

Conclusão

Quando penso em todos os procedimentos médicos: remédios, exames com equipamentos os mais avançados e curas de enfermidades, é fantástico ver como o homem tem avançado neste campo, sobretudo nas últimas décadas. Por outro lado, percebemos como o homem tem sido capaz de permitir que algumas doenças nos destruam. O Quênia, país africano de baixíssimo nível de desenvolvimento, tem hoje um terço da sua população com AIDS. Já morreram 18 milhões por causa desta terrível doença. Entre as crianças de 1 a 15 anos, um terço tem AIDS, disseminada não apenas pela promiscuidade humana, mas também pelo descaso e negligência de muitos governos. O homem, capaz de desenvolver a cura, é também capaz de produzir doença e morte por causa da sua má conduta moral, ou negligência.

É impressionante ver como o homem é capaz de discernir e entender o movimento dos astros, enviar naves ao espaço e desvendar tantos dos mistérios do universo. Porém, este homem é o mesmo que é capaz de, com a mesma tecnologia, produzir foguetes e bombas com alto poder de destruição, ou mesmo a disseminação de doenças. O homem, que é capaz de ações generosas e humanitárias em socorro às pessoas necessitadas e carentes, é também capaz de produzir verdadeiras atrocidades numa guerra. Esse homem é aquele que é capaz de tratar com extrema gentileza seus clientes, mas, da mesma forma, ser extremamente rude com a sua esposa. Esse homem que é até capaz de ter uma expressão de religiosidade fantástica, ao mesmo tempo deturpa seus princípios de uma maneira tão destrutiva.

Certa ocasião, uma pessoa me procurou em meu escritório e disse: "Freqüento a igreja há uns dez domingos e preciso conversar com o senhor". Essa pessoa estava angustiada e nos sentamos naquela manhã e logo de início ele se identificou, dizendo: "Eu sou um médium e estou vivendo as seguintes experiências..." E contou algumas experiências terríveis de sua vida, e disse que estava decidido a romper com aquele mundo tenebroso de onde estava vindo, o qual não suportava mais. Ele disse: "Nos últimos 30 dias, os espíritos e demônios não têm me deixado mais dormir. Até que ontem decidi sacrificar um bode a fim de parar com isso, mas ouvi uma mensagem de Deus, e estou vindo aqui para conversarmos". Abri as Escrituras e procurei explicar que, na verdade, ele estava escravizado pelas práticas de sua antiga vida sem Deus. Porém, Jesus Cristo, que por amor morrera por ele pagando todos os seus pecados, viabilizara sua aproximação de Deus, e assim desfrutar de uma nova vida. Após explicar sua condição, ele aceitou a Cristo. Naquela semana, eu estava lendo o seu testemunho, de como a sua vida tem sido transformada. Um homem, portanto, criação de Deus, é capaz de se tornar um aliado dos inimigos de Deus, e produzir para outros e para si mesmo as coisas mais terríveis.

Quem somos nós? Você há de concordar comigo: se o homem não existisse, muitas coisas provavelmente poderiam ser muito melhores neste mundo. Teríamos um mundo sem guerras, sem divórcios, sem violência às crianças, sem depressão, sem crimes e sem impunidade. Não seria maravilhoso? Por outro lado, creio não ser esta a vontade de Deus. E a sua vontade é perfeita, como nos diz o apóstolo Paulo: "Não vos conformeis com este mundo, mas transformai-vos pela renovação do vosso entendimento, para que experimenteis qual seja a boa, agradável e perfeita vontade de Deus" (Rm 12.2). Ainda que Deus soubesse que um dia o homem se deixaria seduzir pelo pecado e deixaria a sua presença, em sua infinita sabedoria Ele já providenciara o caminho para que o homem voltasse à íntima comunhão que deveria desfrutar com seu Criador.

Quem é, pois, o homem? Entre as muitas definições que se tem feito em busca da resposta a esta pergunta, a única que se mantém incólume diante de toda a falácia de cientistas e religiosos é aquela contida na Palavra de Deus.

Stuart Briscoe definiu o homem da seguinte maneira: "O homem é o fruto do cruzamento da ovelha negra com a galinha dos ovos de ouro, capaz de fazer coisas tão fantásticas, mas, por outro lado, fazer coisas absurdas. Esse homem que foi criado à imagem e semelhança de Deus, com mente fantástica, emoções brilhantes, vontade única, e espírito capaz de se relacionar com Deus, separou-se do Criador ao se desviar em seu pecado, e assim corrompeu seu espírito, mente, emoções e vontade, tornado-se um ser melancólico". Fomos feitos incomparáveis, cheios de glória e de honra, mas o pecado nos tornou indiferentes, grossos, ferozes, violentos, dignos de desconfiança, manipuladores e destruidores, enquanto fomos criados para viver com Deus e desfrutar do melhor.

De certa forma, quando olhamos o Salmo 8, podemos pensar que o plano "A" de Deus fracassou. Essa passagem do Salmo 8 é citada em Hebreus 2 e quero chamar a sua atenção para os versículos 6-8:

> Mas, em certo lugar, testificou alguém, dizendo: Que é o homem, para que dele te lembres? Ou o filho do homem, para que o visites? Tu o fizeste um pouco menor do que os anjos, de glória e de honra o coroaste e o constituíste sobre as obras de tuas mãos. Todas as coisas lhe sujeitaste debaixo dos pés. Ora, visto que lhe sujeitou todas as coisas, nada deixou que não lhe esteja sujeito. Mas, agora, ainda não vemos que todas as coisas lhe estejam sujeitas.

Logo após a citação, e ainda no versículo 8, diz o autor sagrado: "Vemos, porém, coroado de glória e de honra aquele Jesus que fora feito um pouco menor do que os anjos, por causa da paixão da morte, para que, pela graça de Deus, provasse a morte por todos" (v. 9). Ele está dizendo que assim como o ser humano foi criado à imagem e semelhança de Deus, um pouco menor do que os anjos, o próprio Deus enviou o seu Filho Jesus, o qual se tornou como um de nós. Ele abriu mão das suas prerrogativas divinas, assumiu a forma humana, como escreveu Paulo aos filipenses, Ele assumiu a posição de um servo e se sujeitou a morrer na cruz por nossos pecados (cf. Fp 2.5-8).

Esse era o seu projeto. Tendo o homem se deixado seduzir pelo pecado e, em conseqüência, perder a comunhão que tinha com seu Criador, Deus se faz homem, assume a figura humana, para experimentar a morte no lugar de cada um de nós, para que fôssemos resgatados dos nossos pecados, para que experimentássemos "o favor de Deus". Que favor é esse? Em Hebreus 2.10 lemos: "Porque convinha que aquele, para quem são todas as coisas e mediante quem tudo existe, trazendo muitos filhos à glória, consagrasse, pelas aflições, o Príncipe da salvação deles".

Ele segue esse projeto de Deus, que vou tomar a liberdade de chamá-lo aqui de plano "B". Tenho certeza de que não é o plano "B", porque Deus é soberano e não fracassa em nenhum de seus propósitos. Um homem criado à semelhança de Deus, ao fracassar, torna-se melancólico, uma caricatura do Criador, despido de toda a glória e honra com que fora coroado. Ele ainda preserva sua mente maravilhosa, suas emoções fascinantes, preserva seu espírito único, sua vontade peculiar, mas todas elas manchadas e corrompidas pelo pecado. No entanto, em meio a tal desesperança, Deus envia o seu Filho para que, numa cruz, experimentasse a morte por você e por mim — o que Ele fez quando ainda éramos rebeldes e condenados a viver à parte de Deus por toda a eternidade. Agora, porém, por seu amor, somos restaurados à sua glória, para sermos filhos seus.

Este projeto pode ser visto de duas perspectivas. A primeira, a ocasião em que se toma conhecimento da obra de Cristo, pois sem a sua morte vicária seria impossível chegarmos a Deus. Conhecer e aceitar a obra da redenção é o primeiro passo para que o homem seja restaurado à presença de Deus como um filho seu, conforme nos é dito em João 1.12: "Mas a todos quantos o receberam deu-lhes o poder de serem feitos filhos de Deus". No entanto, este é apenas o início do processo que se dá por meio da operação do Espírito Santo, o qual se manifesta em nosso viver diário, transformando a nossa antiga natureza pecaminosa e levando-nos a uma vida de santidade.

Apesar da rebeldia, apesar da melancólica vida de mediocridade em que se encontra o homem, quando recebe a Cristo como seu Salvador ele tem o seu viver transformado e restaurado à antiga comunhão com seu Criador. Pode então experimentar a liberdade, paradoxalmente inerente à sua condição de servo de Deus, e, de igual modo, filho seu. Este é o segundo passo a ser dado para que tenhamos restaurada toda a glória e honra de Deus em nossas vidas. E isto se reflete no ouvir a sua voz, na obediência e na total dependência dEle, o que dia-a-dia nos torna mais e mais semelhantes a Ele.

Onde você está nesse projeto? Talvez você ainda esteja naquela condição de mediocridade, de melancolia, de culpa e de tristeza, a despeito de ter sido criado à imagem e semelhança de Deus, destinado para a sua glória eterna. Talvez ainda não desfrute do plano de redenção, da salvação e do perdão comprado pelo sangue vertido no Calvário. Neste caso, basta receber a Cristo, que tem poder de salvá-lo e de restaurá-lo à sua comunhão, para com Ele reinar eternamente.

Se já tomou uma decisão por Jesus, onde você está? Quais foram os seus progressos nos últimos doze meses? Você tem sido um aliado de Deus no plano que Ele tem para a sua vida? Dias atrás eu estava diante de um texto bíblico e, observando o que Deus tem feito ao longo de minha vida, pude olhar para trás e perceber o seu mover em minha vida pessoal. Lembro-me da vida que levava em minha juventude, quando vivia em absoluta mediocridade, em todos os aspectos, sem o temor de Deus e sem conhecer o seu amor. Porém, como diz o apóstolo Paulo, "se alguém está em Cristo, nova criatura é: as coisas velhas já passaram; eis que tudo se fez novo" (2 Co 5.17). Em determinado momento da conversa, aquele homem que saiu da umbanda foi tomado pelas lágrimas e disse: "Perdi muito tempo em minha vida. Perdi a oportunidade de conhecer a esse Deus e experimentar o que vivencio hoje".

Embora tenhamos sido coroados de glória e honra, criados à imagem e semelhança de Deus, devemos ter em mente que fomos salvos por Cristo para termos nossas vidas dedicadas a Ele, vivendo para o engrandecimento do seu nome em cada aspecto do nosso viver. Se ainda não encontrou esse Cristo que por você morreu, e através do seu sangue o resgatou da condenação eterna do pecado, você pode simplesmente dizer-lhe hoje: "Senhor, quero desfrutar da libertação e salvação que há em ti e receber-te como meu Senhor e Salvador". Ele o aceita de imediato; Ele já o aguarda, neste exato momento.

Vamos orar:

Pai celeste, quão magnífico é o teu nome em toda a terra, quão magnífico és! Por um momento, assim como Davi, podemos nos dar conta da nossa própria insignificância e ficarmos perplexos, mas sabemos que fomos alvo especial da tua criação. Sabemos, ó, Pai, que tu te importas conosco, a ponto de enviar teu Filho para morrer por nós. Pai celeste, ensina-nos a viver dentro deste projeto. Eu oro em nome de Jesus. Amém.

Capítulo 9

Vivendo Contente em meio à Opressão

Salmo 9

Eu te louvarei, Senhor, de todo o meu coração; contarei todas as tuas maravilhas. Em ti me alegrarei e saltarei de prazer; cantarei louvores ao teu nome, ó Altíssimo. Porquanto os meus inimigos retrocederam e caíram; e pereceram diante da tua face. Pois tu tens sustentado o meu direito e a minha causa; tu te assentaste no tribunal, julgando justamente. Repreendeste as nações, destruíste os ímpios, apagaste o seu nome para sempre e eternamente. Oh! Inimigo! Consumaram-se as assolações; tu arrasaste as cidades, e a sua memória pereceu com elas. Mas o Senhor está assentado perpetuamente; já preparou o seu tribunal para julgar. Ele mesmo julgará o mundo com justiça; julgará os povos com retidão. O Senhor será também um alto refúgio para o oprimido; um alto refúgio em tempos de angústia. E em ti confiarão os que conhecem o teu nome; porque tu, Senhor, nunca desamparaste os que te buscam. Cantai louvores ao Senhor, que habita em Sião; anunciai entre os povos os seus feitos, pois inquire do derramamento de sangue e lembra-se dele; não se esquece do clamor dos aflitos. Tem misericórdia de mim, Senhor; vê como me fazem sofrer aqueles que me aborrecem, tu que me levantas das portas da morte; para que eu conte todos os teus louvores às portas da filha de Sião e me alegre na tua salvação. As nações precipitaram-se na cova que abriram; na rede que ocultaram ficou preso o seu pé. O Senhor é conhecido pelo juízo que fez; enlaçado ficou o ímpio nos seus próprios feitos. Os ímpios serão lançados no inferno e todas as nações que se esquecem de Deus. Porque o necessitado não será esquecido para sempre, nem a expectação dos pobres se malogrará perpetuamente. Levanta-te, Senhor! Não prevaleça o homem; sejam julgadas as nações perante a tua face. Tu os pões em medo, Senhor, para que saibam as nações que são constituídas por meros homens.

Introdução

No terceiro versículo do Salmo 9, percebemos que Davi tinha seus inimigos, e estava sendo por eles oprimido. Já na primeira parte do versículo 12 ele diz: "pois inquire do derramamento de sangue e lembra-se dele..." Havia pessoas que estavam querendo matá-lo e, por fim, no versículo 13, continua o salmista: "Tem misericórdia de mim, Senhor; vê como me fazem sofrer aqueles que me aborrecem..." Ele está falando de inimigos, de pessoas que o odiavam, que queriam matá-lo e que o oprimiam.

Suponho que todos nós já experimentamos a realidade de estar em um ambiente onde não somos tão amados como desejaríamos. Podemos citar experiências de diversos ambientes, como, por exemplo, no ambiente de trabalho, onde há pessoas que são competidoras a ponto de torcer pelo seu fracasso, para que aquilo que você faz dê errado. Afinal de contas, elas querem se destacar, e o seu fracasso pode ser um meio de colocá-las na desejada evidência.

Pode-se ainda encontrar tais situações no ambiente familiar e, igualmente, no lugar onde se vive. Assim, a experiência de se estar em um ambiente onde existem inimizades não é incomum para nós e estamos sujeitos a elas a qualquer momento.

No versículo 9, Davi fala um pouco do que isso provocava nele: "O Senhor será também um alto refúgio para o oprimido; um alto refúgio em tempos de angústia". Essa expressão, "oprimido", fala de estar em dificuldades, pressionado. A palavra hebraica para este termo tem sido traduzida por *angústia*, o que evoca o sentido de alguém com o coração "apertado".

No versículo 13, Davi novamente clama a Deus por socorro diante da perseguição de seus inimigos: "Tem misericórdia de mim, Senhor; vê como me fazem sofrer aqueles que me aborrecem". Ele falava de angústia, aperto e sofrimento. Essa era a situação em que ele se encontrava, e ninguém consegue viver por muito tempo dessa maneira. Você pode viver em diversos ambientes, e dificilmente escapa da realidade de viver em um ambiente em que todos lhe são contrários ou intentam contra você.

Ouvi a história de alguém cuja esposa, numa certa manhã, disse-lhe:

— Domingo de manhã! Você não vai à igreja?

— Não, hoje não vou — respondeu o marido.

— Não vai à igreja?

— Não! Eu não estou com vontade!

— Por que você não vai? Me dê algumas razões para deixar de ir à igreja.

— Primeiro, metade daquelas pessoas da igreja não vai com a minha cara; segundo, é que não vou com a cara da outra metade. Mas me diga você, por que eu tenho de ir à igreja?

— Primeiro, é por causa do exemplo para os seus filhos, e além disso, você é o pastor da igreja.

Essa história me faz lembrar de um episódio que aconteceu comigo. Uma senhora se aproximou e disse: "Você sabe que sou uma defensora sua?" Naquele momento eu pensei: *Meu Deus! Tem tanta gente me acusando assim?* Em qualquer ambiente iremos encontrar pressão, no trabalho, no lugar onde moramos, na igreja ou no contexto familiar.

Agora, como pode alguém que vive em tal condição escrever palavras como estas de Davi registradas no Salmo 9: "Eu te louvarei, Senhor, de todo o meu coração; contarei todas as tuas maravilhas. Em ti me alegrarei e saltarei de prazer; cantarei louvores ao teu nome, ó Altíssimo". O que faz com que alguém que tenha a percepção clara de que é odiado, que está sendo ameaçado de morte, que está vivendo uma situação de profunda angústia e sofrimento, permanecer diante de Deus dando graças, exultando e cantando? O que faz com que alguém em tais circunstâncias viva alegre e vitoriosamente? Percebo que, nesse salmo, Davi tinha uma tríplice consciência que garantia essa segurança. E nós, da mesma forma, se tivermos esta tríplice consciência, desfrutaremos da mesma alegria que enchia o coração de Davi.

Tenho alguns amigos que enfrentam problemas de relacionamento com membros de sua família, problemas de relacionamento na comunidade, na igreja, no trabalho, mas o que é que pode contribuir para que, em ambientes hostis, se viva de maneira marcada por alegria, segurança e louvor?

Três Elementos Fundamentais

Eu diria que há três elementos fundamentais para que alguém possa, apesar das circunstâncias, permanecer vitorioso. Em primeiro lugar, você precisa entender que o plano de Deus é supracircunstancial, ou seja, ele não depende das circunstâncias, não está vinculado a condições totalmente favoráveis, que o levem a desfrutar do que Deus tem preparado para você. Quando você tem a expectativa de que, após a salvação, nenhum mal lhe sobrevirá, uma falsa expectativa é criada e, em função disso, você acaba surpreendido por decepções e frustrações. Afinal, você aceitou a Cristo e continuam as pressões, continuam os problemas em família, com os vizinhos, ou com os colegas de trabalho.

De onde Davi tirava a percepção de que o plano de Deus estava acima das circunstâncias? Em primeiro lugar, Davi sabia, segundo o próprio contexto histórico de seu povo, que lhe sobreviriam momentos de dificuldade e provação. Ele podia olhar para a vida de Abraão e perceber que este enfrentara uma série de tensões, com seu sobrinho, com reis que se levantaram contra ele ou em função de males físicos. Como Abraão, Davi passara por períodos em que sua fé foi provada, mas, ainda assim, ele podia olhar para a história do povo de Israel e perceber que até mesmo um patriarca como Abraão viveu em um ambiente cheio de tensões. Sendo Abraão um homem tão proeminente, de uma estatura espiritual destacada, ainda assim passou por todas aquelas provas.

Além da história de Abraão, Davi podia olhar para a história de Israel. O povo permaneceu cativo no Egito por cerca de quatrocentos anos, e uma boa parte dele como escravos. Como se não bastasse, ao sair do Egito, passou quarenta anos no deserto.

Também temos o exemplo de Josué, o sucessor de Moisés. Ele liderou o povo de Israel em várias batalhas em Canaã, uma terra habitada por vários povos.

Assim, Davi pôde olhar para a história de seu povo e reconhecer que, antes dele, tantos outros homens de Deus passaram por uma série de situações angustiantes. Porém, no primeiro versículo ele diz: "Eu te louvarei, Senhor, de todo o meu coração; contarei todas as tuas maravilhas". No versículo 11, fazendo menção à manifestação do poder de Deus na história de Israel, ele diz: "Cantai louvores ao Senhor, que habita em Sião; anunciai entre os povos os seus feitos". É por isso que precisamos estudar a Palavra de Deus, tanto para termos do Senhor direção quanto ao momento presente, quanto ao dia de amanhã, ou para visualizarmos aquilo que Deus tem feito ao longo da História.

Hoje em dia as pessoas se locomovem até a igreja sem grandes dificuldades e encontram ali um certo conforto. Mas não foi assim que o evangelho chegou até nós. Nossos ancestrais lutaram e sofreram para que o evangelho chegasse até nós. Eles sofreram pressões e atravessaram momentos angustiantes. Experiências como estas fazem parte da vida, e não podemos ter expectativas falsas de que ao aceitarmos a Cristo não enfrentaremos as mesmas lutas e angústias.

Acerca do início da era da Igreja em Jerusalém, lemos em Hebreus 11.35-38:

> As mulheres receberam, pela ressurreição, os seus mortos; uns foram torturados, não aceitando o seu livramento, para alcançarem uma melhor ressurreição; e outros experimentaram escárnios e açoites, e até cadeias e prisões. Foram apedrejados, serrados, tentados, mortos a fio de espada; andaram vestidos de peles de ovelhas e de cabras, desamparados, aflitos e maltratados (homens dos quais o mundo não era digno), errantes pelos desertos, e montes, e pelas covas e cavernas da terra.

Não foi, portanto, com facilidade e com grandes simpatias que a Igreja começou a sua tarefa de proclamar o evangelho de Jesus Cristo.

Olhando para a nossa história podemos, igualmente, perceber a hostilidade e pressão que enfrentaram os pioneiros do evangelho em nosso país. Davi tinha o conhecimento de que isso era parte da vida. Ele não tinha conhecimento simplesmente pela sua história, mas também por causa dos compromissos assumidos com Deus. Ele podia olhar para as alianças de Deus e perceber que o pacto divino não excluía momentos de angústia e sofrimento pelos quais passaria o povo de Israel.

Quando Deus chamou Abraão, em Gênesis 12.3, disse-lhe: "Abençoarei os que te abençoarem e amaldiçoarei os que te amaldiçoarem". A promessa e o compromisso de Deus com Abraão, o pai daquela nação, apesar de não o isentar das pressões e sofrimentos, garantia-lhe que em tais circunstâncias não estaria sozinho. Deus não garantiu a Abraão a ausência de perseguição, de maldição e de inimigos. Porém, todos aqueles que o amaldiçoassem receberiam com a mesma medida — assim como aqueles que o abençoassem.

Em Gênesis 15.13, num segundo passo do pacto de Deus com Abraão, que formava o povo de Israel, lemos: "Então disse a

Abraão: Saibas, decerto, que peregrina será a tua semente em terra que não é sua; e servi-los-á e afligi-la-ão quatrocentos anos". Deus está assumindo um compromisso com Abraão, e em seu pacto já antecipa que ele e seu povo enfrentarão sofrimento e opressão sob o jugo da escravidão nas mãos de outros povos.

O plano e o compromisso de Deus para conosco, da mesma forma, não exclui momentos de angústia e de dor. Foi o Senhor Jesus quem disse: "No mundo tereis aflições, mas tende bom ânimo..." (Jo 16.33). O compromisso de Deus conosco não inclui a criação de uma redoma que nos livre de sofrimentos. Assim, na fé cristã, não deve haver surpresa em se enfrentar hostilidade, pressão, inimizade, rancor e ódio. Ela opera também nas mais adversas circunstâncias — e muitas vezes opera de maneira mais efetiva e transformadora. É por isso que vemos Davi louvando, cantando e exultando o nome do Senhor, mesmo diante de tão difícil situação.

Creio que se na vida tudo fosse tão fácil não teria tanta graça. Para isso quero dar um exemplo: Aprecio uma boa competição e, como qualquer um, prefiro ganhar a perder. Mas sinceramente, não gosto de nenhuma competição em que é muito fácil para um dos lados. Ou um dos competidores só perde, e o outro não consegue fazer nada; ou então um deles só ganha, e o adversário não esboça nenhuma reação. É verdade que todos preferem só ganhar a perder, mas não há vantagem em uma partida em que efetivamente não há competição. Da mesma forma, a vida nos oferece uma série de pressões e adversidades. Olhe para a história do povo de Deus e você verá que isso sempre foi uma constante, o que não necessariamente significa que a vida seja péssima.

O segundo elemento fundamental para que uma pessoa possa permanecer vitoriosa é ter a consciência de que, através dessas perseguições e opressões, ela aprende que Deus nos assiste em nossas provações e quando necessitamos de sua providência diante das adversidades desta vida. Vivemos em uma sociedade que, basicamente, exalta e enaltece as pessoas por aquilo que são capazes de realizar. É pela capacidade intelectual, física ou por causa do poder econômico que alguém é reconhecido. Mas não é desta forma que Deus nos exalta. Em Deuteronômio 7.7 nos é dito sob quais aspectos foi por Deus escolhido o povo de Israel como povo seu. "O Senhor não tomou prazer e vós, nem vos escolheu, porque a vossa multidão era mais do que a de todos os outros povos, pois vós éreis menos em número do que todos os povos". Não era, portanto, por causa de grandeza e da capacidade daquele povo. No versículo seguinte, temos o motivo: "Porque o Senhor vos amava; e, para guardar o juramento que jurara a vossos pais". O amor de Deus foi a razão de o povo de Israel ser escolhido dentre todas as nações, mesmo sendo um povo tão insignificante. E o mesmo expediente se observa ao longo de toda a sua história.

Certa vez, Samuel foi enviado a uma família para ungir alguém que seria rei de Israel. O chefe da família fez seus filhos passarem diante de Samuel e, à medida que eles iam passando, Samuel tinha sua reação. Por exemplo, em 1 Samuel 16.6,7 lemos: "E sucedeu que, entrando eles, viu a Eliabe e disse: Certamente, está perante o Senhor o seu ungido. Porém o Senhor disse a Samuel: Não atentes para a sua aparência, nem para a altura da sua estatura, porque o tenho rejeitado; porque o Senhor não vê como vê o homem. Pois o homem vê o que está diante dos olhos, porém o Senhor olha para o coração". Deus não faz suas escolhas em função dos critérios que normalmente empregamos, segundo a nossa imperfeita justiça. Ele não está olhando a estatura, as capacidades que essa pessoa possa ter; o que lhe interessa é o coração.

Na opinião de Samuel, o escolhido deveria ser Eliabe ou alguém com mais presença. Mas Deus não se pauta segundo critérios humanos. Em Salmos 9.12, Davi faz a seguinte consideração a respeito do padrão da justiça divina: "[O Senhor] não se esquece do clamor dos aflitos". Ciente de que a justiça de Deus não se aparta dos oprimidos, ele clama: "Tem misericórdia de mim, Senhor". No versículo 18 ele continua: "Porque o necessitado não será esquecido para sempre, nem a expectação dos pobres" — ou seja, aqueles desprovidos de recursos. Ele está se colocando diante de Deus como alguém que está aflito, que carece de compaixão e que carece de que Deus o atenda.

Deus não promete uma vida livre de opressão, perseguições e de hostilidades, mas nos diz que sempre que a Ele clamarmos, Ele nos ouve. "Porque os olhos do Senhor estão sobre os justos, e os seus ouvidos, atentos às suas orações" (1 Pe 3.12). Ele não garante que, em seu ambiente de trabalho, tudo o irá privilegiar e você não terá nenhum problema; contudo, Ele está atento a todo aquele que invocar o seu nome.

E como devemos nos dirigir a Ele diante das adversidades que nos sobrevêm a todo momento? Certamente, segundo nos diz o apóstolo João, sabemos que Ele "nos ouve em tudo o que pedimos" (1 Jo 5.15). Entretanto, enganam-se aqueles que pensam poder se dirigir a Deus como se a um pai condescendente que faz todas as vontades e caprichos de seus filhos. Muitas vezes, como nos diz o apóstolo Paulo, não sabemos como pedir, segundo convém ao Senhor. Muitas vezes não levamos em conta a sua vontade e os seus propósitos para conosco. E se assim o fizéssemos, teríamos uma maior compreensão acerca das tribulações por que passamos, as quais, segundo a presciência de Deus, concorrem para o nosso bem.

Certas pessoas, nos dizem as Escrituras, alcançaram mais rápida e facilmente a providência divina para as suas petições tão-somente por sua postura. E esta, para Deus, faz toda a diferença quando a Ele clamamos. Em seu Sermão do Monte, o Senhor Jesus nos apresenta uma série de características a que somos chamados a desenvolver em nosso viver diário, às quais o seu coração está mais prontamente inclinado; porém, a primeira referência por Ele feita é acerca dos pobres de espírito (cf. Mt 5.3). Mas o que vem a ser alguém a quem se possa chamar de "pobre de espírito"? Segundo a Versão Atualizada, o termo se refere aos humildes, ou "humildes de espírito", acerca dos quais declara Tiago 4.6: "Deus resiste aos soberbos, dá, porém, graça aos humildes".

Diante das dissensões entre os coríntios, o apóstolo Paulo, a exemplo do salmista, remonta à história do povo judeu para exortá-los acerca de sua posição insignificante diante das nações ao ser por Deus escolhido como povo seu. Ele faz menção à natureza que os distingue das demais nações; não como grandes em conhecimento, poder, ou mesmo em número. "Porque vede, irmãos, a vossa vocação, que não são muitos os sábios segundo a carne, nem muitos os poderosos, nem muitos os nobres que são chamados" (1 Co 1.26). Ou seja, ele quer saber se eles sabem quem é o povo chamado por Deus. Na seqüência ele mostra como opera o Senhor por meio de características que nos parecem um tanto paradoxais: "Mas Deus escolheu as coisas loucas deste mundo para confundir as sábias; e Deus escolheu as coisas fracas deste mundo para confundir as fortes. E Deus escolheu as coisas vis deste mundo, e as desprezíveis, e as que não são para aniquilar as que são" (vv. 27, 28). No versículo 28, lemos que Deus escolheu o insignificante, o desprezado e o que nada é. Diante dessas palavras, me vem a pergunta que provavelmente todos uma vez já se fizeram: "Por que Deus me chamou?" Apesar de não identificar nenhuma razão, de uma coisa tenho certeza: Ele me escolheu por causa da sua graça infinita e da sua bondade sem tamanho.

Em Salmos 9.10 Davi continua: "E em ti confiarão os que conhecem o teu nome; porque tu, Senhor, nunca desamparaste os que te buscam". Independentemente da situação adversa que você pode estar vivendo, seja no contexto familiar seja no trabalho, ou no estressante ambiente de competição de mercado, Deus não abandona a todo aquele que o busca.

Davi conhecia os fatos da história de Israel. E não apenas acerca do sofrimento por que passara o povo, mas conhecia também as manifestações de Deus, intervindo e pelejando pelo seu povo. É por isso que nos versículos 1 e 11 ele proclama que devemos anunciar todas as suas maravilhas. Creio que Davi tinha experiência própria da atuação de Deus em sua vida. Ele está dizendo que devemos seguir o seu exemplo e colocar isso em evidência. É interessante observar que no versículo 19 ele diz: "Levanta-te, Senhor! Não prevaleça o homem". Ele clama por vitória sobre aquela situação angustiosa e opressiva, mas com a certeza de que Deus se manifestará, pois conclui: "Tu os pões em medo, Senhor..."

Em 2 Coríntios 12.7ss, Paulo descreve a atuação do que ele chama de "um espinho na carne", que constantemente o "esbofeteava". Como atuava, não sabemos exatamente, mas esse "espinho" agia na vida de Paulo de uma forma que o humilhava, não permitindo que se exaltasse "pelas excelências das revelações". E ele conta que por três vezes pediu a Deus para que o afastasse dele. Porém, Deus não o atendeu. Paulo insistia para que Deus o livrasse, mas apesar da dor que lhe causava, esta era para Paulo uma lição de que deveria tão-somente descansar no Senhor. E, a despeito de algumas interpretações equivocadas, este espinho, identificado como um "mensageiro de Satanás", não se trata de um demônio. Ainda que não se possa chegar a uma conclusão definitiva acerca do termo, o fato de o afligir "na carne", segundo a maioria dos estudiosos, denota um sofrimento físico. Portanto, como podemos ver através do exemplo do próprio apóstolo Paulo, Deus não promete nos livrar de todas as pressões e opressões da vida, mas nos diz que devemos nEle descansar e saber que a sua graça nos basta.

É bem provável que se fosse em nossos dias, muitos de nós rejeitaríamos a ação do maligno, mas Deus estava usando tudo aquilo para ensinar a Paulo uma lição importantíssima. E então, ciente disso, o apóstolo diz: "De boa vontade, pois, me gloriarei nas minhas fraquezas, para que em mim habite o poder de Cristo. Pelo que sinto prazer nas fraquezas, nas injurias, nas necessidades, nas perseguições, nas angústias, por amor de Cristo. Porque, quando estou fraco, então, sou forte" (vv. 9,10). Estas situações, portanto, nos dão a oportunidade de ver o quanto somos limitados, o quanto precisamos da intervenção de Deus. No mundo dos negócios, às vezes, empresários inexperientes assumem um desafio empresarial e, de repente, percebem que as coisas são bem mais difíceis do que se apresentavam num projeto ou cronograma. E mesmo quando se assume um emprego, muitas vezes as pessoas estão cheias de expectativas de crescimento profissional, mas acabam percebendo que a sua tarefa era maior do que consideravam. Deus não nos promete que nunca iremos nos defrontar com tais contratempos. Porém, quando vivermos essas experiências, se nós buscarmos a Deus, não de maneira soberba e orgulhosa, mas como humildes de espírito, Ele certamente irá nos socorrer.

As adversidades por que podemos passar nesta vida, sejam elas provenientes de situações em que inadvertidamente nos envolvemos, ou por aflições por Deus consentidas, são uma oportunidade para o nosso crescimento espiritual. E muitas vezes o instrumento de tais provações são aqueles que estão à nossa volta. No linguajar evangélico, dizemos muitas vezes que Deus agiu ou falou através da Palavra, dos anjos, sonhos, de uma música ou através da pregação. Ainda que o Senhor possa agir através de cada uma destas maneiras, gostaria de abrir seus olhos para outras maneiras por Ele usadas. Por exemplo, conforme mencionado anteriormente, o Senhor estava usando um "espinho" na vida de Paulo. Em sua soberania e graça, Ele permitiu que Paulo vivesse aquela experiência angustiosa e de opressão para que o seu coração não se corrompesse e se exaltasse.

Certa ocasião, um homem chamado Balaão ouviu a voz de Deus. Na verdade, Deus falou com ele através de uma mula. Isto mesmo, uma mula. Deus pode usar uma mula na nossa vida, embora prefiramos, muitas vezes, a mulher piedosa. José foi perseguido por seus irmãos e vítima de uma emboscada. Foi traído por eles e vendido para os ismaelitas. Anos depois, ele disse: "Vocês tentaram fazer um mal contra mim! Mas, na verdade, Deus estava por trás disso!" Deus usa, algumas vezes, um parente hostil e traidor. O salmista Davi, igualmente, viveu a perseguição de um rei, e reconheceu que Deus era soberano. Você duvida que Deus use um parente seu para falar-lhe? Certa vez perguntei a uma pessoa como era o seu pai. A resposta foi: Ele é péssimo. Então procurei esclarecê-la de que ele era uma oportunidade de Deus. Deus usa o chefe, o pai, a sogra, a enfermidade, o que quer que seja. Ele utiliza instrumentos mais criativos para nos desenvolver em áreas em que ainda precisamos ser lapidados.

Outro texto que contribui para que compreendamos como Deus age é o livro de Jó. Através da história do patriarca, percebemos que o mover de Deus em nossas vidas se dá muitas vezes de uma forma que pode nos parecer um tanto paradoxal. Porém, como Jó declarou ao ser por Deus provado, devemos igualmente reconhecer: "Bem sei que tudo podes, e nenhum dos teus planos pode ser frustrado" (Jó 42.2, ARA). Não podemos olhar para tais pessoas como sendo nossas adversárias, mas como instrumentos a serviço de Deus, pois ninguém é obstáculo para Deus.

Certa vez viajei ao Rio de Janeiro de carro. Quando cheguei em meu escritório, com uma enorme indisposição física, encontrei um recado no teclado do meu computador que dizia: "Calma! Alguém mexeu e perdeu tudo". Os arquivos haviam desaparecido e eu não conseguia acessar alguns programas que uso para trabalhar. O recado ainda dizia: "Calma! Já chamei o técnico". Confesso que, naquele momento, eu queria descobrir o culpado de tudo aquilo. Tenho, por hábito, ler e estudar a Bíblia e registrar minhas orações no computador. Alguém me disse que escreve a oração e depois a lê. Eu, no entanto, quando estou escrevendo, já estou orando. Então, naquele momento, estava sem o meu computador, sem o meu passado e sem minha Bíblia. O que fazer? Alguém disse: "Pegue a sua Bíblia, sente em outro lugar e vá gastar um tempo com Deus". Eu não queria isso, mas precisava entender que toda aquela experiência, aquela viagem, a indisposição física e o computador com problemas eram instrumentos nas mãos de Deus, e Ele tinha um propósito em tudo aquilo.

A verdade é que o opressor não consegue escapar da mão soberana e graciosa de Deus. É por isso que Jó diz: "Bem sei que tudo podes, e nenhum dos teus planos pode ser frustrado". Não é o seu orientador que pode frustrar o plano de Deus, não é o seu chefe, não é o seu pai, ou qualquer pessoa. Ninguém pode frustrar o plano de Deus. Eles podem, por determinação do soberano Deus, participar no projeto em sua vida, mas não frustrá-lo. É por isso que José, com uma percepção tão clara, diz: "Eu sei que vocês tentaram fazer o mal contra mim, mas, na verdade, era Deus atuando por intermédio de vocês". Ele tinha um propósito. É o que Paulo menciona em Romanos 8.28: "E sabemos que todas as coisas contribuem juntamente para o bem daqueles que amam a Deus..." Então, o que podemos esperar nessas circunstâncias. O que devemos fazer?

Assisti a uma peça de teatro que mostrava como muitos agem no ambiente de trabalho em nossos dias. Em determinada cena, uma personagem que foi prejudicada por uma ação do seu chefe resolve ligar para um jornalista, fazendo uma denúncia, o que para ela seria uma atitude à altura. Da mesma forma, tal atitude não se restringe a uma mera encenação de uma peça de teatro. O que se espera, hoje em dia, quando alguém de algum modo o prejudica, é que você "pague com a mesma moeda" o que lhe fizeram. A lei de talião ainda parece falar mais alto quando alguém nos ofende, nos humilha ou pisa no nosso "calo". Porém, não é o que a Bíblia ensina. Em Salmos 9.9, vemos qual deve ser a nossa atitude em circunstâncias como esta: "O Senhor será também um alto refúgio para o oprimido; um alto refúgio em tempos de angústia". Deus é refúgio! No versículo 11 ele continua: "Cantai louvores ao Senhor, que habita em Sião". Ele reina! Confie no fato de que Deus é soberano. Ele está no controle de tudo o que nos acontece, e ninguém pode, de forma alguma, contrapor-se ao seu plano em nossa vida.

Certa ocasião eu estava conversando e tentando ajudar um casal de noivos em uma série de questões de suas vidas. Eles estavam para se casar e seus pais, que me pareciam católicos dedicados, disseram: "Se vocês se casarem estarão fora da Igreja Católica e nós não iremos ao seu casamento". E eles, um tanto constrangidos por tudo o que estava acontecendo, me disseram: "E agora, o que faremos?" Fui muito sincero com eles ao reconhecer que nada podia fazer: "Entreguem ao Senhor! Eu não sei como tratar disso! Entreguem ao Senhor!"

Algum tempo depois, alguém me disse que eles não estavam resistindo à pressão e pensavam em fazer como os pais queriam, para preservar as relações familiares. Após várias semanas eles me telefonaram, e querendo poupá-los de maiores explicações disse-lhes:

— Vocês nem precisam explicar; já estou sabendo o que está acontecendo.

O rapaz então falou:

— Você não sabe nada! Fomos ao padre e começamos a fazer um curso de orientação matrimonial. O padre percebeu que tínhamos uma outra perspectiva e disse que não tínhamos mais nada com a Igreja Católica. Dissemos a ele que estávamos ali por causa de nossos pais. O padre, no final da conversa, ainda disse: "Deixa que eu trabalho com os seus pais".

Para terminar a história, o padre acabou convencendo os pais deles a participarem da cerimônia de casamento, que foi celebrada em nossa igreja. Foi Deus quem fez as coisas. Por isso, refugie-se e confie no fato de que Deus é soberano e que nada foge à sua soberania. No versículo 16 Davi diz: "O Senhor é conhecido pelo juízo que fez; enlaçado ficou o ímpio nos seus próprios feitos". Deus fará justiça a você, basta tão-somente entregar a Ele a sua causa. Talvez você esteja sendo lesado, difamado e prejudicado financeiramente, mas Deus é conhecido pela sua justiça. Por isso, entregue a Ele os seus problemas. No versículo 3, Davi revela o fim de seus inimigos diante da providência divina: "... os meus inimigos retrocederam e caíram; e pereceram diante da tua face". Quando você se refugia no Senhor e confia na sua soberania, na verdade está passando uma procuração para que Ele haja em seu nome, deixando de lado os sentimentos de vingança. Se você se refugia em Deus, nEle confiando e a Ele entregando a sua causa, os seus inimigos não mais lhe dirão respeito, mas a Deus. E, como diz o salmista no versículo 20, de alguma maneira eles passarão incólumes.

Anos atrás, um conhecido meu foi trapaceado nos negócios. Ele comprou uma casa pré-fabricada, pagou com antecedência e não recebeu as portas, janelas e uma série de componentes da casa. Em uma determinada manhã, ele estava orando quando chegou o dono da empresa que lhe vendera aquela casa. Ele foi até a porta e recebeu o homem, fazendo com que entrasse. Em seguida, pediu que sua esposa preparasse uma limonada para eles. Aquele homem não entendeu o que estava acontecendo, até que o sujeito por fim lhe dissesse: "Eu tenho trapaceado muitas pessoas na minha vida, mas não estou me sentindo bem com aquilo que fiz com você. Ainda chego na sua casa e você me oferece uma limonada?!" Esse amigo pôde então partilhar o evangelho com aquele homem, que acabou aceitando a Jesus. Nos dias seguintes, ele recebeu mais do que a casa que tinha comprado. Confie em Deus. Ele cuidará de tudo. Como registrou no versículo 3, Davi nada fez, pois os seus inimigos pereceram diante da face do Senhor. Não precisamos agir contra eles; Deus se encarregará disso. Ainda no mesmo versículo, ele completa dizendo que foram todos destruídos, pois o Senhor, como seu Advogado, sustentou o seu direito e a sua causa. Então, como Juiz, assentou-se no tribunal, julgando justamente.

Enquanto a intervenção de Deus não acontece, Davi, no primeiro versículo, nos mostra o que devemos fazer: "Eu te louvarei, Senhor, de todo o meu coração". Glorifique ao Senhor e renda-lhe graças, mesmo por aquilo que Ele ainda não fez, mas que certamente fará! Algumas vezes, você pode se abater pela severidade da situação, mas ainda assim deve dar graças pela própria situação e dizer: "Senhor, tu sabes o que estou vivendo e o que isso me causa. Mas reconheço que o Senhor é soberano e bondoso e, embora não enxergue o fim desta situação, só posso entender e agradecer pela tua soberania. Se o

Senhor está permitindo que eu viva essa experiência, é porque esta é a tua vontade. E, ainda que não a compreenda, desde já te dou graças por tua providência, e pelo que o Senhor está operando em minha vida". Enquanto não temos de Deus a resposta às nossas orações, assim como o salmista, devemos falar das maravilhas do Senhor e proclamar os seus feitos. Em vez de focar na situação crítica, direcione suas atenções àquilo que Deus já fez em sua vida.

Algum tempo atrás, um amigo que gosta de praticar corrida *off-road*[1] disse que, em certa ocasião, estava indo fazer uma viagem entre o Maranhão, Pará e Ceará e teve a seguinte orientação: "Aqui há tanta areia que, em qualquer lugar que você parar, o seu carro fica atolado e só sai se for guinchado". Então eles tinham que encontrar alguma vegetação que pudesse sustentar o veículo, onde paravam por alguns instantes. Um dos carros quebrou no meio da areia e eles não podiam parar em nenhum lugar. Eles tinham que ficar rodando ali até encontrar alguma vegetação para poder parar. Tomando este relato como exemplo, algumas vezes fazemos exatamente o oposto. Estamos vivendo uma situação de crise e o nosso foco é na crise, na angústia, ou seja, na areia. E Deus nos está dizendo: "Procure um ponto onde há firmeza!" Se você está vivendo uma situação de opressão, em vez de apenas ressaltar o lado negativo, procure concentrar sua atenção no que Deus tem feito. Comece a contar o que Deus tem feito, seja na história bíblica seja na sua própria vida.

No versículo 2, Davi continua descrevendo seu reconhecimento e gratidão a Deus: "Em ti me alegrarei e saltarei de prazer; cantarei louvores ao teu nome, ó Altíssimo". Quero aqui destacar mais duas atitudes de Davi: alegria e exultação. Essa é aquela alegria que vem da confiança e da certeza de que Deus está no controle, de que Deus é gracioso, de que Ele é

Senhor sobre todas as coisas, que vê o que está acontecendo hoje e sabe o que vai acontecer amanhã. Por isso, alegre-se diante de Deus, e desde já lhe renda graças. Dar graças, nas palavras do salmista, é alegrar-se e exultar, apesar das adversidades, concentrando-se nos feitos do Senhor e louvando o seu nome. Opressão, perseguição e hostilidades você irá enfrentar em toda parte. Não se surpreenda, pois é o próprio Senhor Jesus quem nos diz: "No mundo tereis aflições". Só que temos um Deus pronto a assistir qualquer necessitado. E são justamente essas experiências que nos tornam mais e mais semelhantes a Cristo.

Vamos orar:

Pai celeste, quero te agradecer porque o Senhor, de forma alguma, tem nos ignorado; pelo contrário, tem permitido que, nas circunstâncias mais adversas, seja na enfermidade, nas opressões, nas inimizades e em questões econômicas, percebamos as oportunidades para o Senhor agir em nós e por nós. Faz-nos ver isso, ó Pai, para podermos provar da tua fidelidade para conosco, conduzindo-nos em meio às adversidades. Ensina os teus filhos a experimentarem isto, não tanto a ausência de opressão, mas a vitória nela. Eu oro em nome de Jesus. Amém.

---

[1] Corrida realizada em trilhas fora da estrada em carros com tração 4 por 4, por causa dos terrenos impróprios para veículos convencionais.

Capítulo 10

Quando o Injusto Leva a Melhor

Salmo 10

Por que te conservas longe, Senhor? Por que te escondes nos tempos de angústia? Os ímpios, na sua arrogância, perseguem furiosamente o pobre; sejam apanhados nas ciladas que maquinaram. Porque o ímpio gloria-se do desejo da sua alma, bendiz ao avarento e blasfema do Senhor. Por causa do seu orgulho, o ímpio não investiga; todas as suas cogitações são: Não há Deus. Os seus caminhos são sempre atormentadores; os teus juízos estão longe dele, em grande altura; trata com desprezo os seus adversários. Diz em seu coração: Não serei abalado, porque nunca me verei na adversidade. A sua boca está cheia de imprecações, de enganos e de astúcia; debaixo da sua língua há malícia e maldade. Põe-se nos cerrados das aldeias; nos lugares ocultos mata o inocente; os seus olhos estão ocultamente fixos sobre o pobre. Arma ciladas em esconderijos, como o leão no seu covil; arma ciladas para roubar o pobre; rouba-o colhendo-o na sua rede. Encolhe-se, abaixa-se, para que os pobres caiam em suas fortes garras. Diz em seu coração: Deus esqueceu-se; cobriu o seu rosto e nunca verá isto. Levanta-te, Senhor! Ó Deus, levanta a tua mão; não te esqueças dos necessitados! Por que blasfema de Deus o ímpio, dizendo no seu coração que tu não inquirirás? Tu o viste, porque atentas para o trabalho e enfado, para os tomares sob tuas mãos; a ti o pobre se encomenda; tu és o auxílio do órfão. Quebranta o braço do ímpio e malvado; busca a sua impiedade até nada mais achares dela. O Senhor é Rei eterno; da sua terra serão desarraigados os gentios. Senhor, tu ouviste os desejos dos mansos; confortarás o seu coração; os teus ouvidos estarão abertos para eles; para fazeres justiça ao órfão e ao oprimido, a fim de que o homem, que é da terra, não prossiga mais em usar da violência.

Introdução

Não sei exatamente quais são as notícias do dia que mais o entristecem. Lendo o jornal, encontro uma série de notícias que, normalmente, tendem a me causar um gosto desagradável na boca. É duro ler nos jornais a descrição da polícia de Campinas, que é identificada como responsável por uma série de crimes que aconteceram nesta cidade. Certa ocasião foi descoberto um desmanche de carros, cujos proprietários acusados eram policiais ou ex-policiais. O que mais nos causa espanto é que, ao desativarem esse desmanche, o número de roubos de carros diminuiu consideravelmente.

Quantas vezes você abre o seu jornal e descobre ali um político que é acusado de corrupção, e você fica esperando o dia em que ele será preso, mas esse dia nunca chega. Assistimos também às notícias sobre a corrupção em todas as esferas do governo, que tanto nos indigna.

Ao ler estas notícias, confesso que a cada dia tenho menos confiança no homem, que, sem Deus, é capaz das maiores atrocidades e infâmias. Creio que a atual geração é bem mais alienada que aquela em que vivi em minha juventude. Não que eu tivesse maturidade bastante ou estivesse de todo ciente do que estava acontecendo à minha volta, no país e no mundo. Mas a pouca consciência que eu tinha de injustiças e corrupção me levavam a ter uma grande indignação. Quando penso em considerar o que as outras pessoas têm a dizer sobre política, me pergunto: "Mas até que ponto posso confiar nisso tudo que está sendo dito". A verdade é que vivemos em um mundo marcado por corrupção, violência e injustiça. O nosso conflito aumenta quando consideramos que existe um Deus bondoso e soberano sobre tudo isso. Aí você pergunta: "Mas o que o Senhor vai fazer?" É justamente isso o que o salmista está dizendo no primeiro versículo: "Por que te conservas longe, Senhor? Por que te escondes nos tempos de angústia?" Ele, aparentemente, pode estar falando de algo pessoal, pelo fato de sentir-se angustiado. Mas, ao longo do texto, percebemos que a angústia de seu coração originava-se de sua indignação.

Em Salmos 9.16, o salmista reconhece: "O Senhor é conhecido pelo juízo que fez". Contudo, mais adiante, em Salmos 10.6, vemos o que pensam o opressor e o perverso: "Não serei abalado, porque nunca me verei na adversidade". A despeito de ser o Senhor um Deus tremendo, que infunde medo em seus inimigos, o homem ainda assim coloca-se arrogantemente a desafiá-lo, dizendo: "Deus esqueceu-se; cobriu o seu rosto e nunca verá isto" (v. 11). Trazendo para os nossos dias, podemos atribuir tais palavras a políticos inescrupulosos, responsáveis por tantas fraudes e atos ilícitos. No entanto, no versículo 13, referindo-se ao ímpio, o salmista pergunta: "Por que blasfema de Deus o ímpio, dizendo no seu coração que tu não inquirirás?" A seu tempo, entretanto, o Senhor que atenta para o trabalho e enfado quebrantará o braço do ímpio (Ef 14,15).

Quando temos, a exemplo do salmista, a consciência de que Deus está no controle de todas as coisas, apesar de tudo o que vemos de errado neste mundo, torna-se mais fácil enfrentar as adversidades que nos sobrevêm. Mas como devemos nos posicionar diante das desigualdades, da injustiça e da opressão que a todo momento vemos estampadas nas manchetes de jornal? Como podemos entender o que fazer diante das circunstâncias presentes? Em primeiro lugar, gostaria que enxergássemos o que o salmista enxerga sobre os acontecimentos de seus dias. Quais eram as manchetes do seu "jornal"? O que ele vê? O interessante é que descobriremos que não há muita diferença entre o que "lia" o salmista e o que lemos nos jornais de hoje. Em Salmos 10.8-10, referindo-se ao perverso, ele diz:

"Põe-se nos cerrados das aldeias; nos lugares ocultos mata o inocente; os seus olhos estão ocultamente fixos sobre o pobre. Arma ciladas em esconderijos, como o leão no seu covil; arma ciladas para roubar o pobre; rouba-o colhendo-o na sua rede. Encolhe-se, abaixa-se, para que os pobres caiam em suas fortes garras". Aqui, o salmista está falando de alguém que, provavelmente, encontra-se em um povoado ou em um vilarejo, e está ali escondido, esperando a oportunidade para aproveitar-se de alguém indefeso. É o que lemos no versículo 10: "Encolhe-se, abaixa-se, para que os pobres caiam em suas fortes garras". A idéia que se depreende aqui é a de alguém que tem poder, alguém que consegue levar vantagens sobre aqueles que não têm capacidade de se livrar das injustiças que sofrem.

Em Salmos 10.2, o salmista diz: "Os ímpios, na sua arrogância, perseguem furiosamente o pobre; sejam apanhados nas ciladas que maquinaram". Essas pessoas, investidas de arrogância e de soberba, estão em busca dos indefesos para se apropriarem dos seus recursos. A maneira como se fazia isso antigamente é diferente de como é feito hoje em dia. É possível, através de programas de computador, se ter acesso à conta corrente de uma pessoa e apropriar-se do que ela possui. Da mesma forma, através dos mais variados expedientes, políticos e empresários desonestos têm enriquecido de forma ilícita. Ainda que sejam diferentes os artifícios empregados para se enganar as pessoas em proveito próprio, o princípio permanece o mesmo.

No versículo 3 o salmista continua descrevendo a arrogância e presunção do perverso: "Porque o ímpio gloria-se do desejo da sua alma, bendiz ao avarento e blasfema do Senhor". No versículo 5 ele continua: "Os seus caminhos são sempre atormentadores". O desejo do coração dessas pessoas é, acima de tudo, crescer, prosperar, enriquecer — não importa quais sejam os expedientes que tenham de lançar mão.

A partir do versículo 4, o salmista descreve a maneira como pensam tais pessoas, primeiramente referindo-se a sua falta de temor a Deus "... todas as suas cogitações são: Não há Deus". No versículo 6, ele afirma ainda: "Diz em seu coração: Não serei abalado, porque nunca me verei na adversidade". De alguma maneira, elas sentem-se absolutamente seguras, cheias de si. Mas não é somente isso que vemos no perverso: "A sua boca está cheia de imprecações, de enganos e de astúcia; debaixo da sua língua há malícia e maldade" (v. 7). O seu vocabulário na verdade é marcado por mentiras e dissimulações, de que se utiliza para enganar as pessoas. Essa linguagem lhe parece familiar? Você pode identificá-la, por exemplo, em discursos de políticos em épocas de campanha eleitoral? As palavras e os personagens são diferentes, assim como o montante roubado. Porém, o que permanece o mesmo é a vil disposição do seu coração.

No versículo 11, o salmista completa: "Diz em seu coração: Deus esqueceu-se; cobriu o seu rosto e nunca verá isto". Ele, de alguma forma, considera a existência e a presença de Deus, mas acrescenta que não crê que Deus levará em conta as suas ações. Para ele, Deus é impotente diante das circunstâncias. Deus olha e até vira o rosto porque nada pode fazer. E ele vai mais além, afirmando que Deus não existe. A palavra *presunção*, que aparece no versículo 4, segundo sua origem no hebraico, refere-se literalmente a alguém com "nariz para cima". É assim que tal pessoa se coloca diante de Deus, chegando à petulância de afirmar: "Não há Deus". Talvez não seja literalmente uma afirmação de que ele não acredita em Deus, mas é esta a atitude soberba de seu coração.

Conforme os últimos dados do censo levantado pelo IBGE, 6% da população brasileira não acreditam em Deus. Mas não creio que seja tão-somente a um ateu que se refere o texto bíblico, mas a alguém até com um certo grau de religiosidade.

Ele considera que Deus, diante de seus atos, está virando o rosto e que não irá julgá-lo. Considera Deus à parte de seu projeto. Creio que se pode incluir entre esta classe de pessoas aqueles que até mesmo freqüentam uma igreja, que professam publicamente sua fé — como é o caso dos católicos não-praticantes —, mas não vivem segundo as doutrinas da igreja e não tomam parte na sua liturgia.

É interessante notar o que o salmista diz no versículo 6, quando se refere à arrogante presunção do perverso, que afirma, certo de sua impunidade: "Não serei abalado, porque nunca me verei na adversidade". Ele acredita estar seguro, a despeito de seus crimes. Como podemos encarar tais questões? Em nossa sociedade é muito comum encontrar pessoas que condenam tal comportamento, mas que são cúmplices nas mesmas atitudes.

Certa ocasião, um amigo teve a oportunidade de dar uma aula inaugural numa faculdade. Naquela ocasião, estavam presentes várias autoridades de nosso país. Além da aula, ele participou de uma cerimônia especial juntamente com aquelas pessoas, entre elas membros de diversos partidos e alguns candidatos à presidência. Ele disse que, quando entrou no salão, percebeu a diferença do discurso que vemos entre eles na mídia. No lugar de acusações, tratavam-se amigável e cordialmente. É muito fácil alguém fazer acusação do que o outro está fazendo, mas quando esses se encontram no poder o tratamento é outro, e bem diferente. Quando têm as oportunidades e as condições que o outro tem, o que acontece?

Davi não foi o único personagem bíblico a enfrentar homens perversos. Habacuque é outro exemplo. Diante da situação em que se encontrava a nação, em meio a uma guerra civil, ele clama ao Senhor: "Até quando, Senhor, clamarei eu, e tu não me escutarás? Gritarei: Violência! E não salvarás? Por que razão me fazes ver a iniqüidade e ver a vexação? Porque a destruição e a violência estão diante de mim; há também quem suscite a contenda e o litígio" (Hc 1.2,3).

Quando lemos o livro do profeta Habacuque e folheamos o jornal de nossos dias, vemos muitas semelhanças. No versículo 4 lemos: "Por esta causa, a lei se afrouxa, e a sentença nunca sai; porque o ímpio cerca o justo, e sai o juízo pervertido". Você está familiarizado com isto? O que o profeta diz é bem atual; ele está levantando a questão da impunidade. Indignado diante de tal situação, ele clama a Deus: "Até quando, Senhor, clamarei eu e tu não me escutarás?" E cada vez mais aqueles que se lhe opõem se fortalecem, sobretudo por meio de uma justiça pervertida — não muito diferente do que vemos hoje em dia, quando homens poderosos se utilizam da lei, muitas vezes de forma espúria, para assegurar seus interesses.

É possível que você olhe para algumas palavras como essas e diga: "Ah, eu não tenho nada a ver com isso!", ou "Eu não posso fazer nada!" É assim que muitas vezes me sinto, incapaz de discernir as coisas tais como são. Preciso de muito tempo, de muita informação e de muito estudo de outras pessoas para poder entender um pouco mais a respeito de determinada questão. No entanto, não podemos ficar omissos diante do que está acontecendo à nossa volta. A Palavra de Deus nos diz que somos *o sal da terra*. Temos um relevante papel no sentido de, segundo as propriedades do sal, purificar e preservar este mundo. Mas precisamos entender que em toda essa questão, somos apenas meros instrumentos da providência divina. Ainda que não vejamos toda a justiça de Deus acontecer no momento que desejamos, isso não nos dá legitimidade para agirmos tomando a justiça em nossas próprias mãos. Assim, gostaria de considerar sobre o que fazer, como cristãos, em meio a uma sociedade como esta em que vivemos. O que fazer? Em primeiro lugar, precisamos saber que Deus, ao seu modo e ao seu tempo, fará justiça.

Em Salmos 9.16, lemos que Deus é afamado por sua justiça. É certo que você e eu muitas vezes podemos considerar a sua justiça tardia e lenta em vista de tantas desigualdades que vemos a todo momento. Contudo, Deus sabe o tempo das coisas, e Ele sabe quando agir.

No Salmo 73 vemos um caso bem parecido, onde o ímpio estava agindo. Nos versículos 16 e 18, Asafe diz: "Quando pensava em compreender isto, fiquei sobremodo perturbado; até que entrei no santuário de Deus; então, entendi eu o fim deles. Certamente, tu os puseste em lugares escorregadios; tu os lanças em destruição". Até o versículo 15, o salmista manifesta a sua indignação e perplexidade diante daqueles que estão levando vantagem com a corrupção e perversidade impunemente. Mas então ele acorda, e compreende o fim que lhes aguarda. Em virtude do terreno escorregadio em que se encontram, mais cedo ou mais tarde acabarão por escorregar e cair em seus próprios erros!

Acho interessante que mais adiante o Senhor se dirige a Habacuque e lhe diz: "Escreve a visão e torna-a bem legível sobre tábuas, para que a possa ler o que correndo passa" (Hc 2.2). Provavelmente, esse foi o primeiro *outdoor* da história. E os dizeres, entalhados no "cartaz", dificilmente passavam despercebidos do povo, até mesmo daqueles que passavam correndo: "O justo, pela sua fé, viverá". Esse versículo é muito usado fora do seu contexto. Alguns o usam indevidamente para justificar o envio de um missionário ou obreiro sem dinheiro para o campo, ou seja, sob o pressuposto de que ele viva pela fé. Porém, o texto não trata de orçamento doméstico, ou a provisão de nossa despensa, mas sobre a indignação diante da injustiça reinante nos dias do profeta — o que pode muito bem ser aplicado aos nossos dias. E o mesmo o Senhor nos diz hoje: "Posso não estar dando detalhes de como vou tratar isso, mas estou tratando ao meu modo, no meu tempo. Confie em mim, pois um dia hei de estabelecer o meu Reino na terra, e todos hão de prestar conta na minha presença".

Se estivermos olhando para a situação caótica do mundo sem a perspectiva de Deus, é provável que também não haja nenhuma perspectiva de ética, e acabaremos sucumbindo juntamente com o mundo. Porém, o Senhor nos diz: "Tão-somente confie em mim".

Assim, eu diria que, diante dessas circunstâncias que nos causam tanta indignação, o primeiro princípio que deve reinar em nossos corações é a certeza de que Deus, segundo a sua justiça e a seu tempo, a todos julgará, e todos hão de prestar-lhe conta de todos os seus atos.

Em segundo lugar, percebo que nas lições do salmista ele nos faz uma exortação à oração. Em Salmos 10.12, ele diz: "Levanta-te, Senhor! Ó Deus, levanta a tua mão; não te esqueças dos necessitados!" Percebo que ele está orando por pessoas que estão padecendo e sofrendo por causa dessa corrupção, e parece que não é exatamente o seu caso.

Anos atrás, em virtude de precisar entender a situação da urbanização da área onde está localizada a nossa igreja, descobrimos que no lugar do matagal nas imediações, segundo a Prefeitura, há uma bela praça já com construções, com infraestrutura para a prática de esportes, etc. Está tudo pronto. O dinheiro já saiu, já foi pago, quando, na prática, nada foi feito. Assim, percebemos o quanto a sociedade padece por conta da corrupção dos políticos, do desvio de verbas e a malversação do dinheiro público. Quando lemos nos jornais notícias como estas, devemos interceder por estas pessoas, em vez de apenas nos mantermos indiferentes.

Em terceiro lugar, devemos entregar nas mãos de Deus a nossa indignação e descansar nEle, pois, como lemos nos versículos 17 e 18, a sua Palavra declara a sua justiça: "Senhor, tu ouviste os desejos dos mansos; confortarás o seu coração; os teus ouvidos estarão abertos para eles; para fazeres justiça ao órfão e ao oprimido, a fim de que o homem, que é da terra, não prossiga mais em usar da violência". De alguma maneira, ele não está orando só pelo pobre, mas está reconhecendo que Deus o defende. Quantos de nós temos, de fato, orado por essas coisas ou por pessoas que sofrem injustiças.Você tem orado por pessoas que são vítimas de injustiças? Ao olhar para essa atitude do salmista, penso nas nossas orações tão mesquinhas, centradas em nós mesmos e buscando tão-somente interesses próprios.

Por fim, chamo a sua atenção novamente para o Salmo 73. Nos versículos 2 a 7 lemos:

> Quanto a mim, os meus pés quase que se desviaram; pouco faltou para que escorregassem os meus passos. Pois eu tinha inveja dos soberbos, ao ver a prosperidade dos ímpios. Porque não há apertos na sua morte, mas firme está a sua força. Não se acham em trabalhos como outra gente, nem são afligidos como outros homens. Pelo que a soberba os cerca como um colar; vestem-se de violência como de um adorno. Os olhos deles estão inchados de gordura; superabundam as imaginações do seu coração.

O salmista expressa em suas palavras toda a sua indignação; porém, percebemos que tamanha é a sua ira, a ponto de ele sentir inveja, sentido-se impotente diante de tudo o que vê: "Na verdade que em vão tenho purificado o meu coração e lavado as minhas mãos na inocência" (v. 13). Ele parece olhar para sua própria vida e dizer: "Por que estou levando essa vida de santo? O que estou ganhando com isso?" No versículo 14 ele continua: "Pois todo o dia tenho sido afligido e castigado cada manhã". Ele estava com inveja dessas pessoas e olhando somente através da perspectiva desta vida; porém, nos versículos que se seguem, ele percebe a insensatez dos seus sentimentos: "... me embruteci e nada sabia; era como animal perante ti" (v. 22). Sua atitude de inveja em relação àquelas pessoas, segundo o seu proceder ímpio e seu ateísmo, era algo irracional, próprio de um animal. Na seqüência do texto, no versículo 24, ele completa: "Guiar-me-ás com o teu conselho e, depois, me receberás em glória". A visão que ele tem de Deus é a de um Justo Juiz, que tanto requer dele o temor, como, igualmente, está pronto a honrá-lo.

Nos versículos 25 e 26, ele continua, reconhecendo que, apesar de estar desfalecendo, o Senhor é o seu socorro. Ainda que o seu coração possa fraquejar diante de tal situação, e levá-lo ao desânimo, à inveja, à amargura e à ira, ele reconhece: "A quem tenho eu no céu senão a ti? E na terra não há quem eu deseje além de ti. A minha carne e o meu coração desfalecem; mas Deus é a fortaleza do meu coração e a minha porção para sempre".

Além de buscar ao Senhor em oração, como nos diz o salmista, com a certeza de que Deus fará justiça, eu diria que ainda resta algo que devemos fazer: cuidar de nós mesmos. Chegará o momento em que haveremos de prestar conta dos nossos atos diante de Deus, e, segundo o seu julgamento, poderemos ou não receber as honras de que nos fala o salmista. Portanto, devemos reconhecer que em meio a tão angustiantes adversidades o Senhor nos segura pela mão direita.

Vamos orar:

Pai celeste, muitas vezes é triste ver como a corrupção reina em função de alguns poucos que, de forma ilícita, se aproveitam de sua posição em proveito próprio. E, na mesma proporção em que estes ganham, tantos outros saem perdendo. É triste, ó Pai, ver como o homem que o Senhor criou à sua imagem e semelhança é capaz de produzir tamanha injustiça e impiedade. Ensina-nos a viver confiando que o Senhor, no momento certo, fará justiça. Dá-nos o desejo profundo de vivermos nesta sociedade perversa não como cúmplices, mas desejosos de viver conforme o caráter do teu Filho. Senhor, nós oramos em nome de Jesus. Amém.

Capítulo 11

Vivendo em meio a Comentários Maldosos

Salmo 12

Salva-nos, Senhor, porque faltam os homens benignos; porque são poucos os fiéis entre os filhos dos homens. Cada um fala com falsidade ao seu próximo; falam com lábios lisonjeiros e coração dobrado. O Senhor cortará todos os lábios lisonjeiros e a língua que fala soberbamente. Pois dizem: Com a nossa língua prevaleceremos; os lábios são nossos; quem é o senhor sobre nós? Por causa da opressão dos pobres e do gemido dos necessitados, me levantarei agora, diz o Senhor; porei em salvo aquele para quem eles assopram. As palavras do Senhor são palavras puras como prata refinada em forno de barro e purificada sete vezes. Tu nos guardarás, Senhor; desta geração nos livrarás para sempre. Os ímpios circulam por toda parte quando os mais vis dos filhos dos homens são exaltados.

Introdução

Certa ocasião, um telejornal deu a notícia de que certa pessoa famosa no Brasil deixou de freqüentar a igreja por causa do seu procedimento. Ela entendia que o seu comportamento estava ferindo a reputação e os padrões da sua igreja. Então, para não comprometê-la, resolveu desligar-se. Na igreja temos certos padrões. Algumas pessoas olham para os padrões das Escrituras, como por exemplo a sexualidade, e percebem que a bênção de Deus envolve cumprir as suas orientações. Assim, elas tomam isto seriamente, e vivem segundo os padrões contidos na Palavra de Deus. Porém, há outras pessoas, até mesmo dentro da igreja, que não estão atentas àquilo que Deus fala. Muitas vezes, em função de um comportamento incompatível com a vontade de Deus, acabam levando uma vida dupla. Enquanto estão na igreja, representam hipocritamente uma imagem que faz com que se sintam adequadas. No entanto, fora da igreja, seu proceder em nada assemelha-se à piedade e mansidão da vida cristã.

Também é fato que existem pecados que facilmente identificamos como pecados terríveis, como por exemplo, violência, ódio, furto. Porém, há outros que nem sempre percebemos como pecados. Jesus disse que devemos ter o cuidado de não tentar tirar o cisco do olho do outro antes de tirar a trave que está no nosso próprio olho. Esse conceito é muitas vezes nosso "ponto cego", pois enxergamos o pecado na vida do outro, mas acabamos não percebendo o pecado na nossa própria vida. Essa cegueira é oriunda, muitas vezes, da ignorância dos princípios contidos na Palavra de Deus.

Há também certos procedimentos pecaminosos que são assimilados em nosso dia-a-dia em virtude da nossa falta de sensibilidade à direção do Espírito Santo. Será que paramos para pensar em como nos sentiríamos se alguém fizesse conosco o que fazemos com os outros?

No início do Salmo 12, Davi começa dizendo: "Salva-nos, Senhor". Em algumas versões, como a Revista e Atualizada, temos a palavra *socorro*. É importante lembrar que Davi já havia enfrentado adversários, inimigos, opressão e traição. Mas nesse momento a situação parece angustiá-lo de tal forma, que ele antes de mais nada clama por socorro. O contexto em que Davi escreve estas palavras era um ambiente em que percebe os comentários que fazem a seu respeito e o modo como falam e, por conta disso, vê-se numa situação delicada. Mas, até que ponto consideramos isso um problema? Tenho a impressão de que podemos refutar o adultério com facilidade, da mesma forma como o ódio e a desonestidade, mas até que ponto entendemos quão diabólica é a maledicência e o mau uso da língua? A situação era tão crítica, que o salmista chega a dizer: "Socorro! Livra-me disso, Senhor!"

Por vezes penso que, na nossa mente, cabe a idéia de que a maledicência não é algo assim tão ruim. Porém, a Palavra de Deus nos provê uma série de orientações acerca do uso da língua. Encontramos na epístola de Tiago o maior número de exortações sobre este assunto. Tiago compara a língua a um pequeno leme de um navio, cujo tamanho não passa de 2 ou 3% do tamanho do navio, mas que é capaz de dar um rumo diferente ao mesmo. Mais adiante, em Tiago 3.5-6, ele compara a língua a uma pequena fagulha que é capaz de consumir uma floresta inteira: "Ora, a língua, é fogo; é mundo de iniqüidade; a língua está situada entre os membros de nosso corpo, e contamina o corpo inteiro, e não só põe em chamas toda a carreira da existência humana, como também é posta ela mesma em chamas pelo inferno" (Versão Revista e Atualizada).

No final do versículo 8, Tiago nos diz acerca da língua: "... é mal incontido, carregado de veneno mortífero". Ele reconhece o quanto a língua é estratégica e poderosa, e isso, então, torna coerente a postura de Davi, que clama por socorro, diante do que ouve falar sobre ele. Como podemos ver através das palavras de Tiago, a maledicência tem um poder incrivelmente destruidor, e, se não for contido a tempo, este pequeno membro do nosso corpo pode causar muitos danos, muitas vezes irreparáveis.

Em Provérbios 6.16-19, encontramos a seguinte mensagem: "Estas seis coisas aborrece o Senhor, e a sétima a sua alma abomina: olhos altivos, e língua mentirosa, e mãos que derramam sangue inocente, e coração que maquina pensamentos viciosos, e pés que se apressam a correr para o mal, e testemunha falsa que profere mentiras, e o que semeia contendas entre irmãos". Assim, quando há, da parte de alguém, alguma prática de falar de outra pessoa e fazer comentários negativos, julgando outras pessoas, entenda, você está se inscrevendo na lista de detestáveis e abomináveis.

Em Provérbios 10.11, falando sobre o que a língua é capaz de fazer, ele diz: "A boca do justo é manancial de vida, mas a violência cobre a boca dos ímpios". Ela é capaz de destruir pessoas à sua volta. Ainda em Provérbios 10.8, Salomão diz: "O sábio de coração aceita os mandamentos, mas o louco palrador será transtornado". O mau uso da língua indispõe uma pessoa com Deus, indispõe ou destrói pessoas de quem se fala e destrói a pessoa que pratica. Deus trata esse assunto com seriedade, e isto inclui a maledicência ainda que esteja restrita a uma conversinha entre amigos.

No Salmo 12 percebemos que as pessoas que estavam em volta de Davi faziam três usos diferentes da língua. Eu gostaria que olhássemos para esses três usos e confrontássemos a nós mesmos em primeiro lugar. Gostaria de, antes de falar sobre como você pode reagir nesse ambiente, dar-lhe algumas dicas para não ser cúmplice disso, e há três usos que percebo no Salmo 12, e poderíamos encontrar outros em outras passagens, que mostram a maneira diabólica com que se pode usar a língua.

Na segunda parte de Salmos 12.1, lemos: "... porque são poucos os fiéis entre os filhos dos homens". Qual o motivo disso? Em Salmos 12.2 ele diz: "Cada um fala com falsidade ao seu próximo". O primeiro desvio, que constitui um mau uso da língua, é a falsidade. Aliás, a expressão empregada no texto é "falsidade" no trato com o próximo. Na verdade, a palavra hebraica não tem essa conotação restrita a se dizer uma mentira. Ela tem a refere-se a alguém que denota um comportamento fútil, uma pessoa vazia e também falsa.

Aqui em Salmos 12.2, percebemos que era parte da linguagem das pessoas que estavam em volta de Davi falar coisas que eram vazias e fúteis, que não eram verdadeiras. Pessoas que se utilizam da língua para manipular, criar contendas e intrigas. E o salmista clama a Deus: "Livra-me, Senhor, dos que falam falsamente". Quantas vezes você já ouviu um comentário a seu respeito, que você sabia não ser verdade. Muitas vezes esse tipo de comentário origina-se de informações falsas. Uma pessoa achava uma coisa, fez um comentário e, por meio de uma série de outras pessoas, aquilo chegou até você. Provavelmente, a informação não seja verdadeira por causa da interpretação feita, ou, ainda mais grave, em virtude da intenção por trás de quem se originou.

Certa ocasião eu estava correndo num parque e, de repente, vi dois homens à minha frente, os quais corriam de mãos dadas. Na verdade estavam segurando, cada um de um lado, uma espécie de fita de prender cabelo feminino. Eu os olhei e não pude evitar de tirar minhas conclusões sobre suas opções sexuais. Quando passei por eles, percebi que um deles era deficiente visual, e o outro, seu guia de caminhada. É fácil interpretar uma cena como esta de forma equivocada. É fácil você dizer algo de que mais tarde se arrependa, e tenha de voltar atrás e reconhecer o seu erro — o que, no entanto, muitas vezes pode ser tarde demais.

É muito comum, hoje em dia, ouvirmos alguém comentar a respeito de outra pessoa, e mesmo que logo se descubra serem inverossímeis suas afirmações, a desculpa a que recorrem é um "sentimento", ou algo parecido que os levou a ter tal impressão. Ainda que seja na verdade um engano, porque os olhos não viram direito — porque a mente não interpretou direito, porque o coração não sentiu direito — pouco importam os fatos, apenas interpretações baseadas tão-somente em "impressões". Assim, Davi está se referindo a essa prática, tão comum em nossos dias, de se comentar sobre a vida alheia sem que se tenha apurado os fatos.

A segunda prática que percebemos do mau uso da língua em Salmos 12.2, é: "... falam com lábios lisonjeiros e coração dobrado". Uma tradução mais literal do hebraico pode ser entendida da seguinte forma: "Falam com lábios suaves, de coração e coração". Segundo a sua origem, o termo no hebraico se refere à dissimulação: falar uma coisa com o coração, sem que de fato seja sabido o que pensa o outro coração oculto. A boca está comunicando uma "verdade" que está em um coração, mas existe um outro coração com outra "verdade". Aqui estamos falando de pessoas que, quando estão ao seu lado, são profundamente amáveis, amigáveis e parecem gostar de você, mas por trás... Você já deve ter passado pela experiência de estar no meio de um grupo de amigos e as pessoas estarem falando mal de alguém, então uma das pessoas se levanta, vai embora e as demais começam a falar mal dela — o que faz você pensar duas vezes antes de também se levantar, imaginando que talvez seja melhor ser o último.

Em Salmos 12.3, o salmista declara: "O Senhor cortará todos os lábios lisonjeiros e a língua que fala soberbamente". Com o termo "lábios lisonjeiros", ele não está se referindo às normas que regem a boa educação e a boa convivência em sociedade. Aliás, foi o próprio apóstolo Paulo quem escreveu em Efésios 4 que devemos falar a verdade em amor. O oposto de se falar com "lábios lisonjeiros", segundo as palavras do salmista, não é uma atitude de indelicadeza, ou impolidez, no trato com os outros, não é se ter uma língua ferina e destruidora.

É se ter uma língua amorosa, que fala a verdade para a pessoa a fim de que ela cresça. Essa duplicidade do que profere a língua, ou duplo coração, é incompatível com o que diz o apóstolo Paulo: "Não saia da vossa boca nenhuma palavra torpe, mas só a que for boa para promover a edificação, para que dê graça aos que a ouvem" (Ef 4.29).

O terceiro mau uso da língua que percebemos aqui aparece ainda no versículo 3, que diz: "O Senhor cortará todos os lábios lisonjeiros e a língua que fala soberbamente". O salmista se refere à língua como um instrumento de arrogância, um instrumento que expressa soberba. O apóstolo Paulo, quando escreve aos filipenses afirma que o nosso pensamento deve estar ocupado com aquilo que é bom, digno, honrável e de boa fama. E, se assim for, é isso o que estará em nossa língua.

A língua maledicente é soberba e facilmente identificada por algumas características de sua natureza destrutiva. Primeira, assume o papel de juiz, pois avalia e julga, sem possibilidade de defesa. Tal soberba de sua natureza arroga para si uma pressuposta onisciência, pois ela tudo sabe, o que supostamente lhe dá o direito de falar — seja verdade ou não. Sua soberba é também a razão de sua falta de esclarecimento, ao que pouco se dispõe. Em Salmos 12.3, porém, o salmista revela o seu fim: "O Senhor cortará todos os lábios lisonjeiros e a língua que fala soberbamente". Se por sua arrogância ou por sua obstinação, ao dizer: "Com a nossa língua prevaleceremos; os lábios são nossos; quem é o senhor sobre nós?" (Sl 12.4), por fim aqueles que falam com lábios lisonjeiros serão por Deus desarraigados.

Há um trecho de uma canção que traz a seguinte letra: "Seja a minha vida o padrão naquilo que eu falar". Foi o apóstolo Paulo quem disse em Colossenses 3.17, assim como no versículo 23: "E, quanto fizerdes por palavras ou por obras, fazei-o tudo em nome do Senhor Jesus, dando por ele graças a Deus Pai". Por outro lado, a língua soberba diz: "Não! Eu falo o que quero, para quem eu quero e como eu quero". Falsidade, dissimulação e arrogância é o que ela produz. Quando Davi percebe o que está enfrentando, clama por socorro. Como você pode ver, mesmo já tendo enfrentado leões, ursos e gigantes, Davi não se achava capaz de lidar com a falsidade daqueles que à sua volta falavam com maledicência, ao que ele clama: "Salva-nos, Senhor, porque... são poucos os fiéis entre os filhos dos homens. Cada um fala com falsidade ao seu próximo; falam com lábios lisonjeiros e coração dobrado" (vv. 1,2).

Tiago 3.9,10 nos diz que da mesma forma que pode abençoar, a língua também é capaz de proferir maldição: "Com ela bendizemos a Deus e Pai, e com ela amaldiçoamos os homens, feitos à semelhança de Deus: de uma mesma boca procede bênção e maldição..." Somos capazes de adorar a Deus e louvar o seu nome; porém, igualmente, podemos maldizer aquele que foi criado à sua imagem e semelhança. Quando se usa de maledicência, tal postura se torna incompatível não apenas com a vontade de Deus, mas com a convivência pacífica com todos aqueles que estão à sua volta, uma vez que o maledicente é na verdade um desagregador, alguém que por onde passa acaba gerando intrigas e dissensões.

Em meio a todos os males causados por aqueles que falam falsamente, quem mais é atingido pela língua ferina? Salmos 12.5 diz: "Por causa da opressão dos pobres e do gemido dos necessitados, me levantarei agora, diz o Senhor". É interessante que o salmista chama aquele que é vítima da fofoca de pobre e necessitado. Você pode perceber que o uso dos termos "pobre" e "necessitado", aqui, não tem necessariamente conotação socioeconômica. O uso de tais referências, no versículo 5, serve apenas para identificar aqueles que não têm como se defender sozinhos.

Diante de tais considerações acerca do poder da maledicência, vemos que ela não se restringe a uma declarada atitude contra outra pessoa. Muitas vezes, um mero comentário, que bem poderia passar despercebido, pode demonstrar a verdadeira essência perniciosa da maledicência. Ela pode se revelar sob as mais variadas formas, como, por exemplo, cinismo, sarcasmo, ou apenas uma insignificante crítica. Mas por que as pessoas criticam as outras? Por que as pessoas falam mal das outras? Talvez elas nem mesmo percebam mas, num instante, e em poucas palavras, acabam servindo de instrumento do Inimigo para criar dissensões, intrigas e inimizades, mesmo no seio da Igreja.

Certa ocasião um amigo meu foi visitar uma igreja, onde deveria pregar. Era uma igreja relativamente pequena, de sessenta a oitenta lugares. Chegando lá, ele descobriu que no púlpito da igreja havia algumas plantas que o impossibilitavam de se movimentar com mais liberdade. Tiveram então que tirar as plantas para que ele pudesse subir ao púlpito e pregar. No entanto, ele perguntou ao pastor com certo ar de sarcasmo: "Por que vocês plantaram essa floresta no púlpito?", ao que o pastor lhe respondeu: "Certa vez uma senhora trouxe um vaso, pois ela gostava da idéia de enfeitar a igreja. Aí ela trouxe um outro vaso. Mais uma outra senhora também achou que devia fazer a sua contribuição, e trouxe o seu vaso. Logo, todos começaram a trazer um vaso. Não é lindo?" O sujeito, ainda não totalmente satisfeito, disse: "É, mas se essa igreja crescer, como irão administrar a floresta?"

Na igreja onde pastoreio, somos mais de 1.000 membros. Se cada um trouxer uma planta, vamos ter de colocá-las, como na outra igreja, no púlpito ou onde for possível. O que você acha que vai acontecer então? Eu não tenho dúvidas! Surgirão os questionamentos por parte dos mais exaltados que se levantarem contra. Por outro lado, aqueles que assim desejarem podem não se convencer facilmente: "Por que não pode?", "O que me impede de levar umas flores para enfeitar a igreja?", "É o meu desejo! Eu quero contribuir de alguma forma para a obra do Senhor!"

À medida que a igreja vai crescendo, algumas medidas precisam ser tomadas! Se o espaço físico da igreja não mais permitir, evidentemente que os irmãos não poderão mais trazer plantas, por mais que seja fruto de boa vontade. O desenvolvimento e o crescimento pedem que mudanças sejam feitas, ordem seja estabelecida e disciplina seja colocada. Mas desde que seja possível, não há nenhum problema em que o templo seja adornado com plantas ou flores.

Depois de descrever este assunto, uma questão deve ser levantada, e cabe unicamente a você responder: Como você deve pautar o seu próprio falar? Em primeiro lugar, eu diria que você deve decidir viver em conformidade com a Palavra de Deus. Em Salmos 12.6,7 está escrito: "As palavras do Senhor são palavras puras como prata refinada em forno de barro e purificada sete vezes. Tu nos guardarás, Senhor; desta geração nos livrarás para sempre". Se entendermos que fomos salvos pelo Senhor, comprados pelo sangue de Jesus e fazemos parte do Reino de Deus, o nosso viver deve ser marcado pelo procedimento íntegro de Deus. Por exemplo, o versículo 6 diz: "As palavras do Senhor são palavras puras". Ele é referência para o nosso falar. É por isso que cantamos que existe um padrão para o falar, e o padrão é Ele. É impossível viver uma vida piedosa e, ao mesmo tempo, nutrir um comportamento maledicente. Por isso, é necessário que, segundo nos diz o apóstolo Paulo, nos revistamos do Senhor Jesus Cristo, para que não nos limitemos a uma aparência de santidade e não tenhamos "cuidado da carne em suas concupiscências" (Rm 13.14).

Em segundo lugar, digo que precisamos purificar a língua. Ele diz em Salmos 12.6: "As palavras do Senhor são palavras puras como prata refinada em forno de barro e purificada sete vezes". Precisamos aprender a acrisolar a nossa língua. O crisol era onde se colocava o metal: a prata ou o ouro, e ficavam ali derretendo e sendo purificados da escória. Nesse processo, as impurezas do metal iam subindo e ocupando a borda do crisol, do cadinho, e o metal que ficava embaixo ficava puro. Como é que eles avaliavam, na antiguidade, o quão puro estava o metal? Era quando o ourives podia olhar para o metal derretido, de cima, e ter aquele metal derretido como um espelho e ver a sua própria face. O processo de purificação deve envolver a idéia de Deus olhar para nós como um metal purificado em que Ele possa se ver em nós. Precisamos aprender a colocar nossas línguas em um purificador para que sejam iguais à do Senhor.

Há uma frase muito interessante que diz: "As pessoas nobres discutem as idéias, as pessoas razoáveis discutem os eventos e as pessoas medíocres discutem as pessoas". Precisamos purificar o nosso falar para que ele reflita a santidade do nosso Deus. Se você confessa a Cristo como Senhor, isto o leva à responsabilidade de considerar alguns princípios. Por exemplo, o de Mateus 18.15, que diz: "Ora, se teu irmão pecar contra ti, vai e repreende-o entre ti e ele só..." De acordo com este princípio, não basta nos abstermos do mal; é necessário que onde quer que estejamos o nosso viver irradie a luz de um coração transformado e renovado pelo Espírito de Deus, que tenhamos um proceder que reflita a sua retidão e justiça em meio à injustiça e impiedade. E, segundo a orientação de Deus, devemos levar ao arrependimento aqueles que assim vivem.

Em Provérbios 20.19 nos é dito: "O que anda maldizendo descobre o segredo; pelo que, com o que afaga com seus lábios, não te entremetas". Um outro importante princípio, contido nas palavras do sábio Salomão, é o de que devemos saber com quem andamos. Para algumas pessoas, qualquer oportunidade é oportunidade para falar de alguém, de algo que viu, que ouviu dizer, etc. Por isso, a Palavra de Deus nos diz: "Deixai os insensatos, e vivei, e andai pelo caminho do entendimento" (Pv 9.6). O que nos diz este princípio é que não devemos ser cúmplices naquilo que praticam os que falam com maledicência. Oferecer seu ouvido para ouvir esse tipo de conversa é cumplicidade. Portanto, evite tais conversações.

Por vezes, em determinado ambiente, como o de trabalho, por exemplo, talvez seja difícil evitar que isso ocorra à nossa volta. Porém, ainda assim, tal conversação não nos deve corromper. Exemplos como os de José, Daniel, Sadraque, Mesaque e Abede-Nego, entre outros, revelam que é possível não se deixar contaminar por tal atitude em um ambiente de impiedade, mantendo-se irrepreensível na presença de Deus.

Certa ocasião, recebi um telefonema de uma senhora que dizia: "Preciso que o senhor fale com o meu filho e com a minha nora". Então lhe perguntei: "Posso dizer que a senhora me ligou, disse o que disse, e que me pediu para falar com eles?" Ela foi clara em dizer que eu não poderia citá-la, o que me deixava numa situação delicada em vista das circunstâncias. Depois de pensar um pouco, respondi-lhe que infelizmente não poderia falar com o casal, e que não me agradava o fato de tratar de um assunto a respeito de pessoas que não estavam ali para se defender. Tenho certeza de que após aquela conversa por telefone não sou mais popular para essa senhora.

Alguém já disse que fofoca é como um travesseiro de penas; você abre e as penas se espalham, depois você pode ajuntar quase todas elas, mas sempre haverá uma ou outra voando por aí. Sendo assim, o melhor a se fazer numa situação em que somos envolvidos em assuntos de terceiros é usar de diplomacia. Ainda que muitas penas já estejam espalhadas, quanto maior o estardalhaço, mais ainda se espalham. Deve-se encorajar a pessoa portadora da "notícia" a ir tratar o assunto diretamente com aquela que é alvo de suas articulações.

Em segundo lugar, procure a pessoa que é objeto dos comentários. Anos atrás, fui procurado por um irmão que fazia uma denúncia de um amigo seu, o que, mais que uma simples "fofoca", tratava-se de uma grave acusação. Então eu lhe disse: "Vou dizer a ele que você me procurou e podemos os três conversar a respeito". Diferentemente da outra pessoa que me havia procurado, ele concordou e pediu: "Por favor! Quero que você me ajude a tratar deste assunto. Não sei como tratar disso!" Assim, convidei o acusado, sentamos em um restaurante e disse-lhe: "Ouvi a seguinte história e quero lhe fazer uma ou duas perguntas: Você fez isso? Se você responder 'não' e se for não, está encerrado o assunto. Se você responder 'não' e for sim, da minha parte está encerrado, mas Deus vai tratar disso com você. Se você responder 'sim', tenho mais uma pergunta: Você quer ajuda?" Então ele me respondeu: "Vamos comer um pouco". Dadas as circunstâncias, isso significava "sim".

Como nos diz o apóstolo Paulo, "... se algum homem chegar a ser surpreendido nalguma ofensa, vós, que sois espirituais, encaminhai o tal com espírito de mansidão..." (Gl 6.1). Isto significa que sobretudo a situação requer sabedoria e discernimento espiritual. Tendo-se conhecimento de alguma intriga envolvendo o nome de terceiros, deve-se deixá-los a par da situação. E desde que os mesmos não possam defender-se, você se torna responsável por fazer o que eles não têm condições de fazer. Não podemos ser levianos com palavras, mas procurar discerni-las segundo o Espírito e através do que nos diz a Palavra de Deus.

Em Salmos 31.13, o salmista faz um comentário e posso imaginar quantos de vocês já passaram por isso: "Ouço muitos cochicharem a meu respeito; o pavor me domina" (NVI). Evidentemente que o temor de Davi se justifica, pois aqueles que "cochichavam" a seu respeito eram os mesmos que conspiravam contra a sua vida. No entanto, a despeito do desconforto que tal situação possa provocar, Eclesiastes 7.21,22 nos diz que não devemos nos ater a tudo o que dizem a nosso respeito. Além de nada edificantes, tais palavras muitas vezes também podem nos condenar: "Tampouco apliques o teu coração a todas as palavras que se disserem, para que não venhas a ouvir que o teu servo te amaldiçoa. Porque o teu coração também já confessou muitas vezes que tu amaldiçoaste a outros". Quando li esse texto pela primeira vez, reagi espantado: "Meu Deus! Alguém pode falar mal de mim hoje, mas já fiz isso no passado". E isto de fato muitas vezes nem ao menos percebemos. É preciso, portanto, relevar algumas vezes o que dizem a nosso respeito.

Em terceiro lugar, e o mais importante: confie a Deus a sua reputação. Desde que a sua vida está confiada ao Senhor, como diz o salmista, Ele é o seu refúgio e fortaleza, e "a sua verdade é escudo e broquel" (Sl 91.4). Deus sabe quão difícil foi para mim, pessoalmente, entregar isso nas suas mãos. Algumas pessoas dizem que após a conversão a coisa mais difícil de se "converter" é o bolso, ou seja, confiar-lhe seus recursos financeiros. Eu não tive grandes dificuldades com isso, mas a dificuldade de colocar nas mãos de Deus a minha reputação e dizer: "Senhor, a minha vida é tua. Faça o que o Senhor quer", isso foi difícil, pois eu dava importância demasiada à minha imagem. Confiar que Deus me defenderia, e não tomar nenhuma atitude em minha defesa, isso foi difícil.

Apesar de sua situação delicada, em nenhum momento Davi procura tomar nenhuma atitude — ainda que legítima — no sentido de defender-se. Aliás, ele nem mesmo menciona do que está sendo acusado. Em vez disso, ele ora a Deus que o livre deles. Na maior parte das vezes em que você ouve um comentário que foi feito a seu respeito, não há o que fazer, por uma razão ou outra. Não podemos evitar aquilo que irão falar contra nós, e tampouco isso é tão importante. Mas podemos evitar usar a nossa língua para agir em cumplicidade com o Inimigo, mentindo, dissimulando, ou soberbamente atacando as pessoas. Devemos aprender a entregar nas mãos de Deus cada afronta e acusação levantada contra nós, sobretudo confiantes de que Ele nos defenderá e fará justiça.

Vamos orar:

Senhor, tu conheces as dificuldades no campo da comunicação, por vezes abatendo-me pelo que ouço ser dito a meu respeito, ou mesmo no que falo a respeito de outros. Aperfeiçoa-me, ó Pai, lembrando-me a não usar meu falar como faz o ímpio; e quando na situação de ouvir o que falam a meu respeito, ter a humildade em reconhecer se tenho de fato falhas que precisem ser tratadas, e confiar a ti quando for improcedente. Em nome de Jesus. Amém.

Capítulo 12

Vivendo em Sintonia com Deus

Salmo 15

Senhor, quem habitará no teu tabernáculo? Quem morará no teu santo monte? Aquele que anda em sinceridade, e pratica a justiça, e fala verazmente segundo o seu coração; aquele que não difama com a sua língua, nem faz mal ao seu próximo, nem aceita nenhuma afronta contra o seu próximo; aquele a cujos olhos o réprobo é desprezado; mas honra os que temem ao Senhor; aquele que, mesmo que jure com dano seu, não muda. Aquele que não empresta o seu dinheiro com usura, nem recebe subornos contra o inocente; quem faz isto nunca será abalado.

Introdução

O salmo em apreço começa com duas perguntas feitas pelo salmista: "Senhor, quem habitará no teu tabernáculo? Quem morará no teu santo monte?" Se essas perguntas forem entendidas de forma equivocada, fatalmente surgirão conclusões conflitantes com o restante das Escrituras. Antes de tudo, pela própria linguagem empregada aqui, o salmista nos remete a um ambiente físico real, qual seja o "tabernáculo" de Deus, ou o seu "santo monte". Ele está se referindo ao monte Sião, onde se encontrava o Tabernáculo do Senhor. O texto pode suscitar alguma confusão quando interpretado segundo o prisma de que as nossas boas obras franqueiam nosso acesso a Deus. Se assim fosse, o salmista estaria dizendo que somente tem acesso à presença de Deus aquele que é íntegro em sua conduta e pratica o que é justo. Tal interpretação, porém, estaria em conflito com colocações claras, tanto aqui nos Salmos quanto em muitas outras partes das Escrituras. Segundo a revelação divina acerca da dispensação da graça, não teremos acesso a Deus em função de justiça própria ou integridade, mas pela misericórdia de Deus, sem que o homem tenha nenhum mérito.

Em Tito 3.5, o apóstolo Paulo diz objetivamente: "Não pelas obras de justiça que houvéssemos feito, mas, segundo a sua misericórdia, nos salvou..." Ou seja, não é pelas nossas boas obras que temos acesso a Deus. Ainda em Efésios 2.8,9, ele mais uma vez diz que não é por obras que somos salvos, mas sim, pela graça, misericórdia e bondade de Deus. Ninguém é salvo pelo que faz ou pelo que deixa de fazer, pois a salvação é uma dádiva divina; não é um mérito nosso, mas um favor que não merecemos. Além disso, ela é alcançada unicamente pela fé.

Mas, então, o que o salmista queria dizer com essas duas perguntas iniciais? Em vez de falar sobre a salvação, o que ele está questionando é quem é que, de fato, pode viver continuamente em comunhão com Deus, na sua presença. Sua pergunta não é sobre salvação, mas sobre comunhão com Deus.

Devemos lembrar que o livro de Salmos foi escrito dentro do contexto do povo de Israel, a nação por Deus escolhida como povo seu. O salmista não está se referindo a um povo estranho ao Senhor; está falando de um povo que já conhece o Senhor, e a pergunta é: "Quem é que vai viver na rabeira do rebanho?" ou "Quem é que vai viver perto de Deus?"

A salvação que nos é oferecida por meio do sacrifício vicário de Cristo é um presente absolutamente gratuito, sem mérito algum. No entanto, a comunhão com Deus pressupõe algumas condições. É verdade que ouvimos, a toda hora, de pessoas que aparentemente andam com Deus, que falam em seu nome, e cuja fisionomia até mesmo impressiona, demonstrando serem pessoas muito piedosas. Mas o salmista está perguntando: "Quem, Senhor, de fato, vai viver com familiaridade contigo, morando contigo, habitando contigo?" Ele coloca isso de uma maneira muito diferente de algo restrito a um determinado evento; seu enfoque não é de uma ocasião, mas de um estilo de vida na presença de Deus. Ele não está falando sobre ir a uma igreja no domingo, mas sobre habitar e morar na presença de Deus, e isso não se restringe às paredes de um templo, ou a um dia na semana.

Será que Deus tem isso para nós? Não tenho dúvidas, pois como nos diz o salmista, "a intimidade do Senhor é para os que o temem..." (Sl 25.14, ARA). Deus tem nos proposto sua intimidade, a familiaridade, o habitar com Ele continuamente. A palavra que foi traduzida por "intimidade", na língua hebraica, descreve o círculo de amigos íntimos de Deus. No Salmo 84, o salmista expressa, de uma maneira fantástica, que o pardal encontrou morada, e que a andorinha também achou lugar para fazer o seu ninho. Ele está se referindo a pardais e andorinhas que, ao chegarem ao Tabernáculo, o local onde Deus se manifestava, podiam fazer seus ninhos: "até o pardal encontrou casa, e a andorinha, ninho para si e para a sua prole, junto dos teus altares..." (v. 3). Ele está falando do provar da presença de Deus, em comunhão com Ele, mas para quem isso está disponibilizado?

Certa ocasião, a revista *Época* fez uma reportagem denunciando vários líderes do mundo evangélico, de expressão na atualidade, com uma série de acusações, a grande maioria delas classificada pela lei brasileira como estelionato. Em uma das defesas feitas por um dos acusados, foi dito o seguinte: "Eles estão perseguindo os cristãos evangélicos". A revista *Época* estaria perseguindo os evangélicos. Se isto fosse verdade, eu não me surpreenderia. Será que alguém tem alguma dúvida de que o povo de Deus será, como já foi, perseguido na terra?

No entanto, o apóstolo Pedro nos diz: "... que vos abstenhais das concupiscências carnais, que combatem contra a alma, tendo o vosso viver honesto entre os gentios, para que, naquilo em que falam mal de vós, como de malfeitores, glorifiquem a Deus no Dia da visitação, pelas boas obras que em vós observem" (1 Pe 2.11,12). Não tenho dúvidas de que o mundo lá fora irá falar mal de nós e nos perseguir. A questão é: Você tem uma conduta que os faça calar por serem as acusações improcedentes, ou eles têm razão em fazer as acusações que fazem?

Temos, objetivamente, uma palavra de que não podemos nos iludir, pensando que podemos manter a comunhão com Deus estando em pecado. Estas duas coisas são incompatíveis. Você não pode dizer: "Faço o que quero da minha vida e mantenho a comunhão com Deus!" Isto é mentira!

Assim, o salmista pergunta: "Senhor, quem é que habitará no teu santuário?", "Quem vai morar no teu santo templo?" Isso significa perguntar: "Quem, de fato, está em comunhão com Deus?", o que apenas o coração pode responder.

Padrão de Conduta Aprovado por Deus

A primeira declaração da condição necessária para se desfrutar da comunhão com Deus está no versículo 2: "Aquele que anda em sinceridade, e pratica a justiça..." mas, afinal, o que significa ser íntegro? Ao olharmos para as Escrituras, aprendemos nas palavras do salmista um pouco sobre o conceito de integridade. Em Salmos 119.1, temos a seguinte colocação: "Bem-aventurados os que trilham caminhos retos e andam na lei do Senhor". O conceito de integridade nas Escrituras é definido basicamente por três palavras. Uma delas significava ser íntegro, completo, inteiro, sem culpa, sem mancha. Essa é a palavra hebraica *tam* ou *tamim*.

Uma segunda palavra também foi empregada para descrever integridade: é a palavra *shalom*, que significa paz. Mas o que significa paz quando as Escrituras usam esse conceito? Ele vai muito além do nosso mero conceito de ausência de guerras ou conflitos. Em nosso conceito limitado podemos considerar o povo brasileiro como um povo pacífico, mas, segundo o conceito da língua hebraica, paz é muito mais do que isso, e significa: "Não ter nada em falta. Estar cumprindo o que Deus pede, a ponto de estar de tal forma em paz com Ele, que possa desfrutar de tudo que Ele tem para você". Está tudo pago! Está tudo resolvido! Eu posso, com a consciência limpa e tranqüila, pedir que Deus me trate segundo a minha integridade. É assim que o salmista pede.

A Abraão, por exemplo, foi dito em Gênesis 17.1: "... anda em minha presença e sê perfeito". A palavra "perfeito", aqui, significa integridade, alguém completo, inteiro. Portanto, está tudo pago, e ele está livre para desfrutar do melhor relacionamento que Deus propõe, porque não há impedimentos nele.

Em Deuteronômio 4.40, quando Deus estabelece seu pacto com o povo de Israel, temos uma noção da importância da integridade: "Guardarás os seus estatutos e os seus mandamentos, que te ordeno hoje, para que bem te vá a ti e a teus filhos depois de ti..." Quando Deus estabeleceu seus decretos, suas ordens e sua orientação, Ele disse: "Andem nisso com integridade, para que lhes suceda o bem". Em todas as culturas há uma busca de uma melhor qualidade de vida, e era isso o que Deus propunha ao seu povo.

Passei minha infância na cidade de Santos, que vivia em uma velada competição com a cidade de Campinas, sempre classificada como a cidade com a melhor qualidade de vida. Vários anos depois mudei para Campinas, onde vivo atualmente. Hoje, Santos oferece melhor qualidade de vida que Campinas, ou seja, acho que talvez o problema esteja comigo! Queremos a melhor qualidade de vida, e o que Deus está dizendo é: "Olha, para que tudo te vá bem, a condição é que você, com integridade, proceda de acordo com a minha lei". Este não era apenas um mero detalhe no pacto estabelecido por Deus com seu povo; tinha na verdade uma grande importância.

Mas alguém pode dizer: "Fernando, integridade é utopia!" Não! Não é utopia. De Jó é dito que ele era um homem íntegro. Assim como de Davi e de tantos outros nomes que encontramos nas Escrituras. Mas o que me chama a atenção é o que é dito, em 2 Reis 23.25, acerca de Josias, um homem cuja vida sempre me impressionou: "E antes dele não houve rei semelhante, que se convertesse ao Senhor com todo o seu coração, e com toda a sua alma, e com todas as suas forças, conforme toda a Lei de Moisés..." Essa era a exigência da Lei: "Vocês tem de me amar de todo o coração, de toda a alma, com todas as suas forças e com todo o seu coração. Eu quero que vocês me amem com as suas emoções, com a sua vontade". "Todo" aqui significa de forma integral, por completo, e as Escrituras dizem que Josias foi essa pessoa, como nenhuma outra. Então isso não é uma utopia! Defender uma coisa como essa não é radicalismo irracional, não é um extremismo. É isso que está no coração de Deus, que alma, mente, emoções, vontade, sentimentos, ações sejam marcadas pela inteireza, integridade, completude nas suas mãos. E Ele nos está dizendo: "Se você deseja habitar comigo, mais do que ser meu povo, é importante saber que é necessário ser íntegro. Não quero você apenas no domingo, mas todos os dias. Não quero você limitado em um espaço físico, mas em toda parte, onde quer que você esteja". Por mais que você possa passar momentos agradáveis cantando na presença de Deus na igreja, entenda que Ele está tratando de algo maior. Ele está falando de uma vida inteira, não apenas um curto espaço de tempo ao longo da semana, mas toda uma vida marcada pela sua presença.

E isso se completa com a segunda expressão do Salmo 15, quando o salmista diz, ainda no versículo 2: "Aquele que pratica a justiça". Segundo algumas versões, a palavra traduzida é *justo,* que significa "reto". Ser justo significa ser retilíneo. A palavra também carrega o sentido de alguém *honrado, inocente,* mas sempre focando o que é justo, reto, em conformidade com um padrão estabelecido. Assim, fica evidente que existe um padrão estabelecido por Deus para que nele andássemos. O termo "reto" fala exatamente de uma vida de acordo com este padrão. Dias atrás, visitei uma construção com um amigo engenheiro. Ali havia uma estrutura de telhado, e ele me mostrou como ela estava torta. Eu nunca iria perceber aquele detalhe tão discreto, mas ela estava torta, e então ele disse: "Você sabe por quê? Isto é proposital, e quando ela for colocada na posição, com o próprio peso, vai ficar reta". Aquele aparente "defeito" era exatamente para que o teto se ajustasse ao restante da construção. Segundo disse o calculista, com uma certa torção, o madeiramento se ajustaria de acordo com o seu peso para que exerça o papel que tem a exercer. Assim, eu diria que a palavra "justo" não acrescenta muito ao sentido da palavra "íntegro". Na verdade, justo fala do "que", enquanto íntegro fala de "quanto". Justo fala que temos um padrão: é a orientação de Deus, o seu caráter, a comunicação da sua palavra, o que é certo e o que é errado. Íntegro, por sua vez, fala da medida alcançada no sentido de se estar dentro deste padrão.

O Padrão de Comunicação Aprovado por Deus

O salmista não fala somente desta maneira bastante genérica, mas passa a ser muito específico na maneira de falar. Ele foca bastante aqui no Salmo 15 a necessidade de trabalharmos o nosso padrão de comunicação, o que em muito reflete a nossa comunhão com Deus. Deus está dizendo: "Para você chegar à minha presença, eu quero trabalhar com a sua linguagem, com o seu falar, com o jeito com que você trata as pessoas".

Ainda no versículo 2, na última parte, ele diz que quem deseja estar em comunhão com Deus "fala verazmente segundo o seu coração". É possível que, em função de certas circunstâncias e tensões do dia-a-dia, num dado momento uma pequena mentira acabe lhe escapando sem querer. Sei que muitos sofrem a tentação de contar alguma mentira para resolver algum problema, como com o guarda no trânsito, que o questiona por ter cometido alguma infração. Muitas vezes, quando uma serva de Deus trabalha como secretária de alguém que não conhece o evangelho torna-se complicado o fato de ter que mentir de vez em quando, sempre que lhe é ordenado que o faça. Não estou me referindo a nenhum tipo de fraude ou algo desonesto, mas àquelas pequenas mentirinhas, como dizer que o chefe não está presente ou está em alguma reunião, quando ele apenas não quer atender determinada pessoa. Esse é o padrão do pai da mentira — Satanás, mas o Deus que nos salva e que nos abre a oportunidade de entrarmos na sua presença, para desfrutarmos de íntima comunhão com Ele, nos diz: "Eu quero vocês comigo, mas a condição é que tenham honestidade no seu falar".

Algum tempo atrás, minha esposa estava se queixando comigo sobre a nossa comunicação em casa. Ela dizia: "Sou eu a geradora de comunicação entre nós dois; você não está fazendo nada por isso". E, realmente, eu me tranqüilizava no fato de que ela conseguia gerar uma boa comunicação entre nós, e descansava nisso. Não me vejo como o melhor indivíduo para gerar essa comunicação, enquanto ela é muito comunicativa e bastante eficiente nesta área. Até que um dia ela se cansou, e descarregou suas reclamações, pedindo que eu reagisse. Ela disse: "Agora você fala", mas a minha palavra foi: "Não. Eu não vou falar nada agora". Eu acreditava que o que ela falara era em parte verdade. Talvez uns 20% fossem procedentes, e os outros 80% fossem emoção. Se naquela hora eu dissesse que achava que havia pouco de realidade e que a maior parte era exagero emocional, ela não iria gostar, e a situação iria piorar. Então, eu disse: "Depois eu respondo, deixe-me pensar no que você está falando, e depois eu reajo", mas ela retrucou: "Não, espero que você se posicione agora". A minha resposta foi: "Você quer uma resposta pensada, e para isso eu preciso pensar. Me dê algum tempo". Assim, depois de vinte dias eu falei: "Tenho uma resposta para você". Algumas pessoas são inteligentes, pensam rápido e dão respostas brilhantes para tudo, mas este não é o meu caso. "Não tenha dúvidas, você tem razão, mas acho que 80% daquilo tudo foi emoção", eu disse, ao que ela concordou comigo. Então completei: "Reconheço, você é a grande geradora de comunicação aqui em casa, mas quero acrescentar mais uma coisa. Você quer que eu provoque comunicação em casa, e eu confesso que nem sei como fazer isso".

Como em geral nós procedemos diante de situações como esta? Será que ficamos tentando racionalizar e encontrar desculpas, em vez de reconhecer que a outra pessoa tem toda a razão? Talvez seja mais fácil simplesmente não reconhecer; afinal, admitir uma falha é algo que requer o compromisso de mudar. Mas é preciso fazê-lo. Confesse simplesmente: "Você tem razão. Posso ser um fracasso nisso aqui, deixo a desejar naquilo, e não sei como fazer. Mas quero mudar". Assuma! É diante de uma confissão honesta que Deus atua com sua graça em nossas vidas.

Até hoje não sei como eu gero comunicação em casa, mas sei de uma coisa: desfruto da melhor comunicação com a minha esposa, propiciada por um Deus gracioso. Ele não quer que vivamos fingindo ou contando pequenas mentirinhas, mas que sejamos verdadeiros. Sua esposa fez uma acusação? É duro ouvir uma acusação. Assuma. Nem que seja vinte dias depois — como no meu caso —, mas assuma. Ou será que você, nessas horas de tensões familiares, usa de argumentos defensivos, ou acontecimentos do passado, esperando que sua esposa deixe o assunto de lado, para que você se sinta mais uma vez "vitorioso". Na verdade, você só conseguiu trapacear. Se você tem culpa, mas conseguiu levantar tantas desculpas e colocar tanta carga emocional na discussão, apenas conseguiu ocultar a verdade de que você está errado.

No final do versículo 4, o salmista nos revela importantes dados do caráter daquele servo segundo o coração de Deus. Ele é alguém que, "... mesmo que jure com dano seu, não muda", ou seja, ele mantém a sua palavra, mesmo que saia prejudicado. Para Deus, é mais importante você ser fiel do que ter sucesso. Para Ele, é muito mais importante você não ter nenhuma expressão de destaque na mídia, mas ser honesto. São estes, que são verdadeiros, que Deus está convidando a habitar com Ele, a fazer parte do seu círculo pessoal de amizades.

Há outras características no âmbito da comunicação que Deus requer dos que são chamados à sua comunhão. Aqui no versículo 3, o salmista se refere "[àquele] que não difama com a sua língua". A palavra que foi traduzida por *difamar* contempla dois aspectos diferentes na língua hebraica. Na nossa língua, *difamar* significa somente uma coisa, ou seja, reduzir a fama ou a reputação de alguém. Segundo o sentido original do termo bíblico, o primeiro seria difamar, fazer comentários negativos sobre uma pessoa. Difamar não é apenas se dizer alguma mentira sobre determinada pessoa; é também fazer um comentário que reduz ou deprecia a sua imagem. Podemos estar acostumados com os deturpados padrões de valor da nossa sociedade. Mas Deus nos diz, por meio do apóstolo Paulo, que sejamos "irrepreensíveis e sinceros, filhos de Deus inculpáveis no meio duma geração corrompida e perversa" (Fp 2.15).

O segundo conceito contido na palavra "difamar" é *caluniar*. Na nossa língua, este aspecto é chamado simplesmente de "caluniar", mas na língua hebraica o sentido de difamar ou caluniar está contido num mesmo vocábulo. Assim, caluniar é quando eu falo alguma coisa mentirosa sobre outra pessoa, quando transmito uma imagem negativa sobre ela, que não seja condizente com a verdade. Em ambos os casos, a prática é a mesma: difamação, mas apenas um dos termos refere-se a caluniar, porque envolve algo que não é verdade.

Ainda há mais um detalhe sobre comunicação que é requerido de quem quer andar na presença de Deus. Na Nova Versão Internacional, temos a seguinte tradução: "... e não lança calúnia contra o seu próximo". A idéia é que a pessoa que desfruta de uma íntima comunhão com Deus é alguém que cuida do seu falar de maneira a não ofender, não ferir e não injuriar alguém, ainda que indiretamente. Da mesma forma que devemos nos abster da prática comum de se contar mentiras, é preciso se ter sabedoria em refrear a língua quanto a se dizer uma "verdade" que rebaixe e humilhe os outros. Portanto, segundo o padrão divino para se manter uma comunhão íntima com Deus, primeiramente esta deve refletir-se em nossas palavras.

O Padrão de Relacionamento Aprovado por Deus

Mas, além do uso da língua, o salmista nos apresenta outras condições requeridas de quem deseja estar na presença de Deus. Estas novas condições contemplam o relacionamento com as pessoas que estão à sua volta. Por exemplo, ainda no versículo 3, na segunda parte, ele diz: "... nem faz mal ao seu próximo". A Lei dizia objetivamente: "Amarás o teu próximo como a ti mesmo" (Lv 19.18). Você deve tratar os outros como gostaria de ser tratado nas diversas circunstâncias da vida.

Em 1 João 4.20, temos uma séria advertência: "Se alguém diz: Eu amo a Deus e aborrece a seu irmão, é mentiroso". Não é, portanto, possível amar a Deus e, ao mesmo tempo, odiar uma pessoa. Ou seja, a maneira como você se relaciona horizontalmente influirá diretamente na maneira como você se relaciona verticalmente, isto é, com Deus. Se você é negligente na maneira de tratar seus clientes, seus fornecedores, seus colegas de trabalho, seus irmãos em Cristo, seu cônjuge, isto significa que sua vida não reflete a glória de Deus. E até que você mude a sua conduta com os outros, isto afastada a possibilidade de uma comunhão mais íntima com Deus.

Além de amar o próximo como reflexo da nossa própria comunhão com Deus, o salmista diz no versículo 4: "aquele a cujos olhos o réprobo é desprezado; mas honra os que temem ao Senhor". Em primeiro lugar, em nossa sociedade, as pessoas que são honradas e respeitadas são aquelas que estão em evidência, seja por seu dinheiro, por sua beleza, ou pelo poder que detêm. Não estou dizendo que determinadas pessoas não são reconhecidas por seu valor. Isto até acontece, ainda que sejam exceções à regra. Honrar, entre outras definições, é olhar com admiração. E, muitas vezes, a maneira como muitos honram os chamados "ícones" da moda é, simplesmente, reproduzirem o que vêem, copiando um penteado, a maneira de se vestir, um determinado tipo de linguagem, etc.

E quanto a você, a quem tem honrado? Quem é que faz com que você fique admirado, seja diante da TV seja folheando as páginas do jornal ou de uma revista? O que está sendo cantado pelos cantores que você admira? Algumas vezes vemos letras absolutamente vazias, em outros casos, vemos letras marcadas por princípios não-cristãos, que a todo momento estamos honrando, aplaudindo e repetindo.

Creio que em nosso meio evangélico há grandes compositores fazendo músicas maravilhosas, inspiradas por Deus. Mas o salmista diz que dentre os padrões divinos acerca da retidão do nosso viver, nossa comunhão com Deus também se reflete naqueles a quem honramos. Portanto, devemos honrar aqueles que temem ao Senhor e não dar louvor ao perverso.

Muitas vezes é fácil honrar aqueles que somos levados a admirar através da mídia. Afinal de contas, de certa forma eles estão onde gostaríamos de estar, sob as luzes, os olhares, os aplausos. Mas se a pessoa em questão é aquele humilde irmão que no domingo pela manhã, a despeito do calor, caminha para a igreja usando seu terno e gravata, dificilmente inspira admiração. Mesmo porque, numa ensolarada manhã de domingo, enquanto o irmão está indo para a igreja, a maioria das pessoas provavelmente está indo à praia, ou ao clube, ou a qualquer outro lazer. Então, cada um em seu caminho distinto, encontram-se. E o ímpio menospreza aquele sujeito de terno e gravata com a sua Bíblia debaixo do braço: "Olha aquele bobo, indo para a igreja com um sol desses!" No entanto, ainda que longe de ser honrado, ali está alguém que, com a luz de seu entendimento, está buscando, sacrificialmente, louvar a Deus e ouvir a sua Palavra.

A quem você tem honrado? Muitas vezes parece um contra-senso admirar aquele humilde irmão. Mas, como nos diz o apóstolo Paulo, "Deus escolheu as coisas loucas deste mundo para confundir as sábias". Portanto, não amemos o mundo, nem o que o mundo admira. Pois, "se alguém ama o mundo, o amor do Pai não está nele. Porque tudo o que há no mundo, a concupiscência da carne, a concupiscência dos olhos e a soberba da vida, não é do Pai, mas do mundo. E o mundo passa, e a sua concupiscência" (1 Jo 2.15,16). Precisamos conhecer o sistema de valores do nosso Deus e buscar uma vida de santidade, e não o sucesso à luz deste mundo.

O Padrão no Trato com Finanças Aprovado por Deus

Mais adiante, no versículo 5, o salmista fala sobre as finanças. Quem estará na presença do Senhor? "aquele que não empresta o seu dinheiro com usura". Olhando este versículo, alguém pode perguntar: "O que eu vou fazer com aquela aplicação no banco, aquele dinheiro que emprestei a um amigo?" Não acredito que seja sobre isso que Deus esteja falando. Na Parábola dos Dez Talentos, vemos que a opção mais correta seria pegar o dinheiro, aplicar no banco e ter o dinheiro e os juros. Isso foi ensinado por Jesus. Então, vemos que o Senhor não é contra uma aplicação inteligente e honesta para se ter o dinheiro de volta. Entendo que o salmista está lançando essa palavra de acordo com um princípio contido na Lei, que está em Levítico 25.35-37. Vejamos contra que tipo de juros somos exortados pelas palavras do salmista:

> E, quando teu irmão empobrecer, e as suas forças decaírem, então, sustentá-lo-ás como estrangeiro e peregrino, para que viva contigo. Não tomarás dele usura nem ganho; mas do teu Deus terás temos, para que teu irmão viva contigo. Não lhe darás teu dinheiro com usura, nem darás o teu manjar por interesse.

A orientação contida aqui é a seguinte: Se, por alguma razão, alguém dentre a nossa parentela empobrecer e não puder sustentar-se, devemos ajudá-lo, segundo o texto, como se faz ao estrangeiro ou peregrino, para que ele possa continuar a viver entre nós. Normalmente uma pessoa nessas condições é vítima na nossa sociedade. Não só é vítima, como se torna alguém muito mais vulnerável diante de homens inescrupulosos. E, no desespero, pode ser que alguém consiga tirar proveito e ganhar dinheiro com a sua desdita. O Senhor nos está dizendo: "Não permita isso, e nem faça tal".

Certamente o texto não está falando sobre você não vender um produto, pelo seu devido valor, a alguém que está em uma situação difícil. Mas ele está falando para não se aproveitar da situação da pessoa em desespero, e vender por um preço superior ao razoável. Ou seja, alguém que esteja em tal condição deve ser socorrido, e não explorado.

Ainda sobre as suas finanças, o salmista finaliza, na segunda parte do versículo 5: "... nem recebe subornos contra o inocente". A idéia é não aceitar o presente por algo desonesto ou ilícito, ou seja, não ser cúmplice ao aceitar um presente que acaba por fim corrompendo você.

Certa ocasião, vendi o meu carro e estava usando o do meu filho. Eu iria visitar os meus pais no Rio de Janeiro dirigindo este carro, mas um amigo insistiu comigo: "Vá com o meu carro; é mais seguro". Aceitei a oferta e segui para a casa dos meus pais. Ele disse que os documentos estavam guardados em determinado lugar. Na estrada, um guarda me parou e me pediu o documento do carro. Depois de mostrá-lo, ele me disse que estava vencido. O que fazer numa hora dessas? Você pode se desesperar, ou então contar uma bela história capaz de comover o policial. E foi isso que fiz — mas era um história verdadeira. Será que você pode, através de um "presente", mudar a atitude dele com você, fazendo com que seja injusto? Sei que muitos o fazem. Mas saiba que se a sua conduta é esta, a de dar algum tipo de suborno para que não seja punido conforme a lei, ou, por outro lado, a de se deixar corromper, Deus está lhe dizendo: "Se a vossa justiça não exceder a dos escribas e fariseus, de modo nenhum entrareis no Reino dos céus" (Mt 5.20).

Conclusão

Vivemos em um país em que temos o nosso famoso e perverso "jeitinho brasileiro". Nosso Deus não é brasileiro, não tem jeitinho que viabilize você a ter uma posição privilegiada. O único "jeito" é o sangue de Jesus, que nos purifica de todo pecado.

É interessante observar que o salmista termina o salmo dizendo: "... quem faz isto nunca será abalado", ou seja, você terá acesso à presença de Deus, e terá a oportunidade de desfrutar de íntima comunhão com Ele, estando constantemente sob os seus cuidados, sob a sua instrução e provisão.

O Senhor nos declara, por meio do salmista: "Instruir-te-ei e ensinar-te-ei o caminho que deves seguir; guiar-te-ei com os meus olhos" (Sl 32.8). Segundo nos diz o texto, não é a capacidade de falar de forma eloqüente, ou de usar o púlpito e abrir a Bíblia para ministrar a Palavra que denota comunhão com Deus. Você pode não ser nem um pouco eloqüente, pode não ter nenhum sucesso em termos econômicos, nenhuma projeção na mídia, mas ainda assim pode desfrutar de íntima comunhão Deus. Você pode estar entre aqueles que Deus convida a habitar com Ele. A Bíblia nos diz que temos o privilégio de sermos não apenas servos, mas amigos seus, pois Ele mesmo o diz: "Já vos não chamarei servos... mas tenho-vos chamado amigos" (Jo 15.15).

Em Salmos 25.14 encontramos uma pequena ressalva: "A intimidade do Senhor é para os que o temem" (ARA). A comunhão com Deus é para aqueles que tomam seriamente o que diz o Senhor: "Se alguém quiser vir após mim, renuncie-se a si mesmo, tome sobre si a sua cruz e siga-me" (Mt 16.24). Não tenha dúvida, não há nenhuma outro modo de chegarmos a Deus; o único caminho é Jesus Cristo. Você pode fazer parte do povo de Deus, mas há uma pergunta que deve ser feita: Que tipo de comunhão você tem com Deus? Espero que o Salmo 15, como foi para mim no passado e é até hoje, seja para você um "divisor de águas" na sua vida. Que você decida pagar o preço em sua vida pessoal e dizer ao Senhor: "Eu quero ser íntimo teu, quero andar em conformidade com a tua Palavra, para andar na tua presença".

E espero que, de alguma forma, ao destacar os sons deste salmo, você possa ter sofrido, no seu coração, reverberações: "Eu falto com a verdade! Não sou íntegro!" O que fazer agora? Confesse isso a Deus. Temos um Deus que nos diz, objetivamente, que, "se confessarmos os nossos pecados, ele é fiel e justo para nos perdoar os pecados e nos purificar de toda injustiça". Portanto, confesse, não pense duas vezes, não fique na defensiva, mas admita: "Senhor, eu tenho caluniado, tenho tratado as pessoas ofensivamente, tenho corrompido a justiça. Não tenho andado de acordo com a tua Palavra, mas segundo os padrões deste mundo". Eu gostaria, então, que você pudesse, ao identificar essas coisas que Deus já deve ter salientado no seu coração, confessar dizendo: "Senhor, desejo ter contigo uma íntima comunhão e conhecer-te na beleza da tua santidade". Confesse e desfrute do perdão e da comunhão de Deus.

Vamos orar:

Pai celeste, por vezes nos acostumamos tanto a andar por nós mesmos, sem provar da bondade, da provisão e do cuidado que temos na tua presença; por vezes até, nem nos fascina essa idéia. Senhor, desperta-nos para o melhor que o Senhor tem a nos oferecer, por uma vida na tua presença, em comunhão contigo, desfrutando do teu amor, cuidado e proteção. Como é fácil nos desviarmos da tua orientação! Ilumine-nos para que possamos ser conhecidos por ti, como Asa foi, assim como Jó, Josias, Noé, entre tantos outros homens e mulheres de coração íntegro. Senhor, nós oramos em nome de Jesus. Amém.